本书得到 2018 年华中科技大学文科学术著作出版基金资助，特此致谢

郭亮 著

The Circulation of
Rural Land and the Change of
Rural Society

土地流转与乡村秩序再造

基于皖鄂湘苏浙地区的调研

Based on the Investigation of
Anhui, Hubei, Hunan, Jiangsu and Zhejiang Provinces

社会科学文献出版社
SOCIAL SCIENCES ACADEMIC PRESS (CHINA)

自　序

一

　　我从2009年关注中国的土地制度至今已经十年了。如果追根溯源的话，对土地制度的研究无疑来源于自小所接受的一套围绕着土地制度的历史叙述。土地制度关系国家的长治久安，从小学到大学的所有历史和政治教科书都告诉我们一个基本道理：历朝历代农民的起义和战争都是土地占有的不均导致。近代革命的主题同样是围绕着土地的再分配而展开，从孙中山的"涨价归公、平均地权"，到共产党人领导的土地革命和土地集体化运动，土地制度始终是革命者和建设者所关切的最重要的变革领域。显然，要理解近代国家的发展和政治运转逻辑便无法绕开对土地制度变革逻辑的理解。

　　土地制度不仅关系到国家的发展方向，也与个人的生命历程密切相关。伴随着农村的工业化和城镇化的推进，出生于改革开放时代的我很难体会到农民对土地的那种深重且特殊的感情，直到2008年国庆在赴江汉平原的调研中。由于此时金融危机导致农民返乡潮的出现，围绕着两亩土地的权属，原本和睦的两家人大打出手，以致其中一位差点为此寻了短见。在他们打工时近乎荒芜的土地此时成为双方争夺的香饽饽，土地的价值绝不能用市场价值来衡量。原来乡土中国并没有远去。农民远离土地，但他们像被放飞的风筝，尽管远离了地面，线的另一头仍然被土地所牢牢拴住。

2012年，我在安徽繁昌遇到一位老人，他的儿女都在外地打工，自己衣食无忧。但是他每天的生活仍围绕着田打转，一天要去田里三趟，明明田里没有活。但田就是他的寄托，他的生活意义所在。对于留守农村的农民而言，土地绝不只是他们收入的来源，更是他们在地化生活的根基，离开了土地，一部分人的生活和生命将不知道如何安放。在这个意义上，土地制度在当下以及将来很长一段时间内仍然是与中国农民群体的命运密切相关的制度，因为乡土中国并没有远去。

土地制度上承国家，下连个体生活，是宏观和微观力量的结合点。还有比这更重大的题目吗？我所选择的土地制度研究虽没有大的起色，但是乐此不疲。

二

然而当前对土地制度的研究却给人一片冰冷的感觉，缺少对土地制度中人的关注，以致缺少了研究的温度。以当前主导的土地经济学和土地法学的研究为例，囿于学科的视野，其着眼于作为生产资料的土地生产效率的发挥和作为资源的土地权利的有效配置。尤其是土地权利的有效配置是当前土地制度研究中的核心问题。这种研究当然重要，土地制度中有效的权利配置关系到公民的土地财产权能否得到保护、农业现代化能否得到实现以及国家未来的发展能否实现，但以权利的话语和范式来规范土地制度是不够的，其不足以涵盖现实土地制度的全部面向。作为农业社会的根基，土地权利的建构和土地效率的发挥往往要以土地的传统意义和价值系统的消灭为前提，资本主义的经济理性化正借助一种权利、效率的话语和制度构建来造就农村社会的新生活之道和社会秩序。由此，即使这场变迁不可抗拒，但转型社会的变迁仍需要更具人文情怀的研究来补充，需要重新理解土地之于农民、之于村社的意义，理解这场制度变迁的复杂性。

为此，我坚持用一种新的视角来看待土地制度，将其嵌入村庄社会中予以理解。在这种研究进路下，土地流转仅仅是本书研究的切入点，笔者所关切的是土地流转背后的乡村社会和基层治理的变迁和重构。当前驱动土地流转的并非只是市场力量，在农业规模化和农业现代化的盲目追求下，以行政权力为主导的土地流转正在大范围的发生。由于权力和资本的结合，土地流转的速度之快、规模之大前所未有。几千年来，农民之为农民就在于其拥有土地并直接经营，农村之所以为农村正在于其拥有大面积的耕地，当大多数的农民离开土地时，当土地逐渐转移到大量的以市场为导向的新型农业经营主体手中时，农村社会的面貌呈现的是加速的变迁。

从地区上看，当前大规模的土地流转主要发生在中西部欠发达的农业地区。相比于沿海发达地区，中西部农村仍然以种植效益较低的粮食为主，农民的收入和城市化水平都维持在较低水平。但越是存在这种差距，地方政府越具有实现农业规模化进而实现地方社会赶超式发展的宏愿，以至于其所推动的土地流转远超过当地的承受能力。因此，大规模土地流转所产生的后果并非城市化过程的提速，而是社会风险。在这个过程中，农民得到的是权利，丧失的却是生活的部分意义和价值。农民或许能增加一点收入，失去的却是传统生活得以展演和发生的空间以及村社共同体中温情的社会关系。在我的家乡苏北农村，不仅土地的大规模流转正在进行，为了获得建设用地指标，地方政府所主导的一场前所未有的村庄合并、农民上楼的运动也正在上演。尽管因为这场运动，农村的外观和基础设施得到了改善，但是大量的农民所流露出的却是一种尴尬的笑容，他们对土地流转以及上楼后的生活表现出极大的隐忧。脱离经济社会发展的一般规律，企图用行政权力的方式来重建社会秩序是一种激进且危险的发展理念。

土地流转还直接影响了基层社会的基本秩序。长期以来，地方社会的治理是以村社为单位进行的。依托土地的经营和在地化的生活，村民的社会关系交往成为可能，并逐渐建构出了村社熟人社会的性质。在熟人社会中，纠纷的发生尽管频繁，但是因为大家熟悉并具有长久生活和相互依靠的预期，村庄具有修复矛盾的天然能力。在此基础上，村民自治制度具有了运转的社会条件。然而，土地流转后，村庄关系逐渐松动，异质性力量开始进入村社，在市场经济冲击下本已经脆弱不堪的熟人社会共同体趋于瓦解。面对村庄社会的这一状况，地方政府需要加大资源的投入和权力的下沉才能维持秩序，传统的村民自治制度事实上被改变。面对土地流转后村庄社会的失序，地方政府才发现建立在以自耕农为主体的村社基础上的治理方式其实是一种低成本的治理方式。在国家推动基层治理的现代化大背景下，土地流转所导致的基层治理体系和结构的连带性变化是一个极其重要的现实问题。

由于关涉农民的长远福祉，我不希望农村土地流转以如此的方式推进，但是土地的大规模流转却展示出了正常条件下土地所未曾显示出来的一系列治理功能，从而为本研究的展开提供了契机。土地，土地，竟然如此之重要！我对土地的重要性终于有了深切的体认。记录下这个过程中农民、基层干部的行动逻辑和喜怒哀乐便是本书的写作初衷。

三

为了完成本书的写作，我和研究团队从 2012 年开始就奔赴皖、鄂、湘、苏、浙等中东部省份农村进行专题调研。由于每一地区的调研时间有限，本研究还未能深度揭示土地流转背后复杂的权力和利益关系——这正是本研究存在的些许遗憾。但我更愿意将这本书看作一次尝试和自己近年来对土地问题思考的一次总结。为了加深读者对该书主题的理解，我加上了两篇与之相关的学术论文作为补充。论文都已经正式发表，主题和本书的内容一致，且在理论上实现了进一步拓展。

要特别感谢接受过我访谈的基层干部和农民，是他们的畅所欲言才让我感受到土地流转所产生的诸多意料之外的后果，并积累了大量的经验资料。要感谢我所在单位和研究团队的长期大力

自 序

支持，他们给予了我研究的平台和灵感。其中要特别感谢余练和孙新华，他们为本书的完成提供了丰富的资料；感谢社会科学文献出版社任晓霞女士的辛勤工作，她出色的编辑工作为本书添色不少。正是各方的大力帮助使我有幸记录下正在发生"千年未有之大变局"的乡村社会，希望该书能够抛砖引玉，让学界有更多的人投入对这场变迁的研究中来。

是为序。

郭 亮

2019 年 2 月 4 日

目 录

导 论 ·· 1
  一 问题缘起 ·· 1
  二 文献综述 ·· 2
  三 基本内容与基本概念 ·· 10
  四 调研地点介绍 ·· 13

第一章 理想与现实：土地与村社共同体的维系机制 ········ 16
  一 村社共同体的理想类型 ·· 16
  二 底线的共同体是如何可能的 ·································· 29

第二章 土地流转发生中的权力实践：中央与地方 ············ 43
  一 土地规模流转发生的基本条件 ······························ 43
  二 土地规模流转发生的地方治理逻辑 ······················· 53

第三章 土地规模流转后的村社共同体变迁 ······················· 73
  一 土地规模流转与地方规范的瓦解 ·························· 73
  二 土地规模流转与村庄社会结构的失调 ··················· 83
  三 农民上楼与农民生活方式的再造 ·························· 91

第四章 规模经营失败后的基层治理困境与治理风险 ········ 105
  一 规模经营为什么会失败？ ····································· 105
  二 规模经营失败后的"权力－资本－农民"关系 ······ 114
  三 规模农业中的治理风险 ·· 128

1

结论　土地与基层社会治理 ……………………………… 130
　一　土地的治理功能 ……………………………………… 130
　二　土地流转与基层治理的转型困境 …………………… 132
　三　对策与建议 …………………………………………… 134

参考文献 ………………………………………………… 140

附录一　村级组织的土地控制：功能及其弱化
　　　　——理解地权冲突的一个视角 ………………… 145

附录二　集体所有制的主体为什么是模糊的？
　　　　——中山崖口：一个特殊村庄存在的一般意义 …… 166

附录三　联耕联种–家庭分散经营效益最大化的有效途径 …… 193

导 论

一 问题缘起

土地制度是农村社会最基础的制度安排，土地制度的改革必将引发农村社会的相应变迁。2008年，中共中央十七届三中全会做出了推动土地流转、实现土地适度规模经营的重要决定，由此发端，农村社会的土地流转现象逐渐增多。截至2014年，土地流转的面积已经达到3.8亿亩，占全国耕地面积的28.8%[①]。为了理顺土地流转前后的法律关系，推动土地流转的进一步开展，近年来，国家又启动了新的改革。2016年，中共中央办公厅、国务院办公厅印发《关于完善农村土地所有权承包权经营权分置办法的意见》，提出推动实施农村土地所有权、承包权和经营权分置并行的制度变革，即所谓农地"三权分置"。2017年，党的十九大报告中明确提出，巩固和完善农村基本经营制度，深化农村土地制度改革，完善承包地"三权分置"制度。2018年的中央一号文件《关于实施乡村振兴战略的意见》再次强调，完善农村承包地"三权分置"制度，在依法保护集体土地所有权和农户承包权前提下，平等保护土地经营权。"三权分置"改革无论对于农民还是流入土地的一方都是重大的制度利好。对于农民而言，在土地流转后他们虽然

[①] 参见《全国土地流转面积已达3.8亿亩，行政强推问题突出》，网易财经，2014年12月14日，http://money.163.com/14/1214/14/ADECUDEV00252G50.html。

不再直接经营土地但仍然享有土地的承包权；对于流入土地一方而言，其虽然不享有土地的承包权但获得同样受到法律保护的经营权。可以预见，随着农地"三权分置"改革的进行，农村土地流转将进入一个新的高潮。

伴随着农村人口的非农化转移，土地流转对于合理配置土地资源、增加农民收入、保障国家的粮食安全都具有重要意义。在中央的高度重视下，一些地方政府将土地流转当成了一场新的运动，一种由行政权力所主导的大规模土地流转正在普遍发生。调查发现，一些地方热衷于以整村、整镇为单位推动土地流转，土地流转无论是在规模上还是在推行速度上都远远超过之前任何一个时期。放宽历史的视野，在任何一个农业大国中，当占据人口主体规模的农民迅速地告别了土地进而转入一种新的生产与生活状态时，这将是一场真正的"千年未有之大变局"。作为农村社会最重要的生产资料，被权力所裹挟的农村土地制度的被动变迁将给农村社会乃至中国社会带来不容小觑的影响。

本研究所关注的中心问题就是土地流转对农村社会和基层治理所产生的直接和长远影响。

二 文献综述

（一）关于土地流转研究的两种范式

土地流转一直是"三农问题"研究中的重要话题，关于土地流转的研究一般是在以下范式下展开。

第一，"土地-效率"范式。该范式下的研究主要是从资源有效配置的经济学视角论述土地流转的合理性和必要性，并提出破解当前土地流转困境的对策与建议。在这种观点看来，作为市场主体之间的自愿交易行为，土地流转能够实现土地资源向生产能力较高的农户或资本手中集中，提高土地资源的利用效率。尤其是在中国农业生产长期面临"有增长、无发展"的"农业内卷化"[①]困境下（黄宗智，2000），土地流转的优势更是得到广泛的论证与认同，关于土地流转的农业经济学研究都是将土地流转当成必然的发展方向。比如，有研究关注了土地流转的目标，探讨土地流转如何实现区域农业生产的规模化经营（马晓河、崔红志，2002）；有研究分析了影响当前土地流转的因素，认为土地产权不完整以及相应中介组织的缺位对流转市场形成产生了阻碍（钱忠好，2002；黄祖辉、王朋，2001）；还有研究提出了培育农村土地租赁市场、保持农村土地承包经营权的稳定，建立计划调控和市场调节相结合的土地流转机制等一系列破解流转困境的对策（蒋省三、刘守英等，2010；张红宇，2002）。显然，面对土地流转所产生的经济功能，研究者更多的是在强调流转的可行性与必要性，进而思考如何进一步推动流转。

《中华人民共和国土地承包法》第三十二条规定：通过家庭承包取得的土地承包经营权可以依法采取转包、出租、互换、转让或者其他方式流转。但由于中国农村土地产权包括所有权、承包权、经营权等"权利束"，农村"集体"、农民都享有土地的相应权利，农村土地流转的发生嵌入在一个多重利益关系之中。其中"集体"组织在现实中往往和村级行政组织重合，其事实上是基层政府的权力延伸。因此，土地流转绝非一种纯粹的市场交易，而是受到各种非市场力量的影响。基于土地流转中不同的"权利－利益"关系，有学者把当前土地流转模式归纳为三种，即私人间的土地流转模式、政府主导的征地模式以及市场代理型的土地流转模式。在各种土地流转模式下，产权代理的经济绩效也有所差异，但制约土地流转产生良好效果的根本原因仍然在于土地产权

[①] "农业内卷化"是格尔茨在研究印度尼西亚农业特征时提出的一个重要概念，他发现爪哇岛聚集了印度尼西亚2/3的人口，主要从事粮食生产和小型手工业，但由于缺乏资本，且土地数量有限，加之行政性障碍，劳动力又无法向外流动，致使劳动力不断填充到有限的水稻生产中。参见刘世定、邱泽奇《"内卷化"概念辨析》，《社会学研究》2004年第5期。

关系以及委托代理关系的不稳定。因此，最终只有靠明晰土地产权，结合合理、高效的市场机制以及土地中介机构，同时配合国家提供便利的制度环境，土地流转才会逐步适应现代农村经济的市场化发展要求（董国礼、李里、任纪萍，2009）。

归根结底，这些研究秉持了制度经济学的研究假设，即土地效率的发挥离不开土地排他性产权的建设。不过，在近年来"中国道路"和"中国模式"的理论自觉下，有学者认为中国土地流转是否有效率不能简单地用西方经济学的教条来进行判断。在这种观点看来，相比于单轨制的、市场化的私易模式或行政化的公征模式，土地流转的"中国模式"是市场和行政两种资源配置手段的结合，是私权和公权两种权利基础的结合，从而构成一种双轨制①。这种组织化的中国模式，远远要比市场化的私易模式或行政化的公征模式更有效率也更为和平（凌斌，2014）。围绕着土地流转的问题与改革方向，如同中国当下其他重大问题一样充满着"左"与"右"的争论。但是，无论秉持哪一种观点，土地流转的效率问题是他们共同关注的话题。

然而，随着农村人口的非农化转移，土地流转已经成为常态，学者关注的焦点已经逐渐从"如何破解土地流转的难题"转变到"土地流转之后谁来经营土地"的问题上来。也就是说，推动土地流转只是提升土地利用效率的开端，通过土地流转要达成什么样的农业经营体系才是问题的重点。2013 年，中共十八届三中全会明确地提出了包括专业大户、家庭农场、农民合作社、农业企业等在内的五种新型农业经营主体。在实践中，各种新型农业经营主体在当前农村大量涌现。围绕着中国未来的农业究竟应该以哪一种新型经营主体为主，以及哪一种新型经营主体更有效率的问题，学者展开了新的论证。

---

① 事实上，从这两种观点的交锋来看，他们当前对土地流转采取的是一种宽泛意义上的定义，即土地所有权变动的一切权属变动都称为土地流转，其中不仅包括农业土地的权属变动，也包括国家的土地征收行为。而一般意义上以及本书中的土地流转主要是指在农地用途不变的前提下的土地权属变动。

有学者分析了农业企业化的重要意义和功能，认为推行农业企业化可以有效克服小规模农户的组织与行为缺陷，改进其效能（胡鞍钢、吴群刚，2001；郭振宗、杨学成，2005）。有学者研究了家庭农场在中国农业转型中的作用，从效率的角度论证了发展家庭农场的可行性，进而认为以家庭劳动力为主的家庭农场更符合中国农村的实际（郭熙保，2013；刘文勇、张悦，2014）。还有学者分析了农民专业合作社在组织农民进入市场，克服个体农民势单力薄等市场缺陷上发挥的重要功能（张晓山，2013；刘老石，2010）。尽管对中国当下应该发展哪一种新型农业经营主体的判断不一致，但相比于农民这一传统的农业经营主体，这些研究都强调新型农业经营主体的优势和经济价值。这些研究的一个前提性假设在于，土地的小农家庭经营模式已经成为我国农业发展的"制度瓶颈"，在家庭联产承包责任制的制度条件下，土地流转是实现农业经营主体转换的主要甚至是唯一的路径。

"土地－效率"的范式早已经溢出了学术研究的领域，其在农业决策部门中同样占据主流地位。梳理中央农地政策的内容可以发现，通过土地流转实现农民增收和农业效益的提升一直是改革开放以来中央农地政策的主旋律。在这种范式下，土地的效率问题被无限放大，甚至掩盖了土地制度可能关联的其他社会与政治问题。在这个意义上，相比于以下的种种范式，改革开放以来，"土地－效率"的范式无疑是在学界和政策部门影响最大的一种研究范式。

第二，"土地－阶级（阶层）"范式。伴随着中国革命的发生、成功以及革命政党的执政，"土地－阶级"的范式在中国社会曾经占据主流的地位。从源头上看，这种范式来源于马克思主义的政治经济学与阶级理论。在马克思看来，商品经济的发展最终会导致拥有生产资料的资产阶级和不占有任何生产资料的无产阶级的形成，即资本主义生产关系的形成，而在农业领域，传统的农民家庭经济最终会被资本主义所改造，农民被转化为资本主义农场和资本主义工业所需的廉价劳动力，以致形成农业资本家和农业无产者两种阶级的对立。"小块土地所有制按其性质来说排斥社劳动生产力的发展、劳动的社会形式、资本的社会积聚、大规模的畜牧和对科学的累进的应用。高利贷和税收制度必然会到处促使这种所有制陷入贫困境地"（马克思，2004：912）。列宁延续了马克思的传统，并以俄国资本主义经济制度形成的经验分析农民分化的过程。他将农民划分为富农、中农、贫农三个阶级，并提出富农将逐渐转化为农业资产阶级，贫农则会沦为无产阶级劳工，而中农阶级中少数人会加入前者的行列，大多数人则会成为后者（列宁，1984：147~157）。20世纪以来，随着新马克思主义的出现，其对于资本主义生产关系消亡和存在方式的判断已经不同于传统的马克思主义①，但对阶级之间剥削关系的关注仍然是其理论学说中的核心问题。

从小块土地的所有者到受农业资本剥削的农业工人，农民命运的变化和阶级对立关系的形成正是源自土地所有权关系的变动与流转。因此，作为革命的政党，为了打造平等的社会，中共领导革命的一项重要内容就是土地革命。而在革命成功后，围绕着土地权利关系的变化仍然没有停止。在经历过互助组、初级社、高级社乃至人民公社体制的历程之后，"三级所有、队为基础"的土地集体所有制最终形成。在集体所有制下，农户不再具备处置土地的权利，土地也就不可能基于市场关系进行流动。这种产权结构极大地抑制了农业生产效率的提升，但是依据"土地－阶级"学说，这种产权结构阻止了阶级的分化，维系了农村的经济和政治平等。因此，在中国革命和建设的历史经验中，"土地－阶级"学说是指导土地制度变革的主要理论依据，其具有意识形态的正确性。

同样道理，随着改革开放以来家庭联产承包责任制的推行，农民获得了具有一定期限的土地承包权，当农村土地流转再次发

---

① 比如，在对剥削关系的判断中，相关研究认为当下农业资本主义形成不一定表现为传统雇佣关系的直接增长，对于剥削关系的判断也就不能仅仅从生产关系和生产过程的角度来看，而应该在整个资本主义的环境之中看待农民受到剥削的事实是否仍然成立。具体文献的综述可参见王立新：《农业转型概念的双重化》，《史学理论研究》2008年第2期。

生时，土地流转对农村阶层关系的影响和塑造将再次引起学者的关注。有学者发现，在土地流转中，一些农村社会群体获得了更多的资源和机会，实现了阶层地位的向上流动。有些农村社会群体则因先天不足，较原来进一步边缘化。还有极少的社会群体借制度性的权力和以此织就的社会网络以及区位优势，垄断和控制了更多的社区资源和机会，形成和巩固了其超社区的精英地位（陈成文，2006）。还有学者基于中部农村地区土地流转现状，将其分为主动长期限流转、被动长期限流转、短期限流转三种。该研究亦发现土地流转对农民的阶层分化有着重要影响。尤其是对于村庄中最弱势的农民而言，由于他们无法离开村庄，主要依赖农业为生，当土地被迫流转以后，其生活处境更加糟糕。在这个意义上，土地流转的发生损害了举家务工阶层和村庄贫弱阶层的利益（陈柏峰，2009）。

但是，中国土地流转是在土地均分、集体土地所有制以及城乡二元体制等一系列制度背景下发生的，土地流转对农村社会产生的影响可能与政治经济学中的理论预设并不一致。有学者发现与其他发展中国家农业转型现象不同的是，中国土地资本化程度的提高并没有带来雇佣关系相应程度的增加。比如，他们估计在全部农业劳动投入中，"农业无产阶级"所占的比重为3.0%，即使是将自己经营家庭农场的短期雇工也计算在内，这一数字为3.4%，这与印度农村高达45%的雇佣劳动比例形成鲜明对比（黄宗智，2012）。也就是说，中国的土地流转尽管发生，但其仍然受制于既有的集体产权结构和中国特殊的政治经济制度背景，农村社会的分化与农业的资本主义发展之间并不具有同一性，中国农业的转型是一场"没有无产化的资本化"过程[①]（黄宗智，2012）。

---

① 其实，在农业经济学的研究中，关于小农家庭将长期存在的观点一直存在。在恰亚诺夫看来，小农家庭农场具有超历史性的意义，历史环境只是一系列外在强加于小农家庭的力量，小农家庭本身有其内在的运行逻辑，小农家庭不会被改造，由此形成了与马克思、列宁关于农业资本化针锋相对的另一种观点（具体参见恰亚诺夫，1996）。

另外还有研究秉持更加乐观的态度，专门研究了土地流转给农村社会结构带来的积极社会影响。有学者发现，在东部沿海地区，当地的区位优势使得农业产业结构得到调整，较高的经济作物收益成为推动土地流转的市场动力，农村的经济与社会活力因土地流转而得到了增强（王景新，2004）。还有学者关注了土地流转后农民的行动能力和参与村庄治理能力的增强，农村土地承包经营权流转形成的契约关系和契约观念不断地被村庄和村民利用、接受、认同，并向其他领域渗透、迁移，契约关系使村庄治理变得理性、有序和便捷（吴晓燕，2009）。

在提升土地利用效率的同时，土地流转必然会对农村社会产生影响。因此，相比于第一种范式主要关注生产力和农业本身问题不同，第二种范式关注的重点乃是生产关系和农业所嵌入的农村社会。尽管在对当下土地流转对农村社会所产生影响的判断上存在分歧，但是通过土地权属变动观察农村社会阶层和社会的相应变动构成了对土地流转研究的又一范式和视角。

（二）"土地－治理范式"：第三种研究路径是否可能

笔者认为，以上研究在推进认识的同时，也存在以下问题。第一，在"土地－效率"范式下，土地仅仅被当作一种生产资料，而未能看到土地非经济性的一面，未能注意土地在农民生活和村庄社会中发挥的社会性功能。毕竟，与其他商品和生产资料不同，土地具有包含商品属性在内的多重属性，土地制度不能仅仅着眼于生产效率的发挥。特别是在一个农业大国中，长久以来，土地不仅是一种生产资料，还发挥着社会整合功能。如果土地流转能够提高农业的生产效率，那么由此付出的社会代价是什么？这种后果究竟是农业转型中无法避免的代价与阵痛，还是会作为一个社会问题长期存在，甚至足以吞噬土地流转本身具有的经济效益？而且，由于中国农村发展的不平衡性，土地流转将可能产生不同的经济社会后果。因此，对土地流转后果的研究还需要不同地区，尤其是中西部欠发达地区的深度经验作为参照。

第二,"土地-阶级(阶层)"范式关注的重心是村庄是否正在形成对立的社会阶层,而未能进一步分析社会阶层形成后对整个乡村治理所产生的一系列影响。调研发现,土地流转所引发的后果不仅仅是阶层的产生,还影响农民家庭生活、公共生活、价值归属、村庄治理等一系列领域的变迁。因此,阶层的形成与否可能只是土地流转所带来的问题之一,其所引发的村社生活逻辑和治理逻辑的变迁是当代中国农村社会面临的更重大问题。不仅如此,在"土地-阶级(阶层)"范式的笼罩下,研究者主要聚焦于土地流动对社会产生的变化,而忽视了国家因素在土地流转中的作用。事实上,与早期西方国家农业资本化的进程不同,当下中国土地流转的发生绝非只是市场力量自身的驱动,而是国家、地方政府与资本利益的共同需要,尤其是地方政府在整个土地流转中扮演了关键性的角色。因此,考察土地流转与地方治理的关联将弥补"土地-阶级(阶层)"范式视野的不足。

第三,从当下的现实来看,中国农村的土地流转具有不同的发生机制和类型,而以上两种范式缺少了对土地流转的类型分析,以致忽视了土地流转在实践中的复杂性。近年来,在加快农业转型的政策驱动下,地方政府所主导的大规模土地流转正在如火如荼地进行,中国农村出现一股新的"圈地运动"(张玉林,2015)。虽然仍属于土地流转范畴,当前的大规模土地流转因流转期限较长、涉及农户较多且更多地体现政府的意志,其导致的社会后果将不同于基于市场力量的自发土地流转。将土地大规模流转等同于一般意义上的土地流转具有误导性。一些研究注意到了当前推动农村土地流转的不同力量并讨论了规模经营的低效率原因和发展瓶颈问题(贺雪峰,2011;郭亮,2012;孙新华,2013),但是对于这种大规模的土地流转的社会后果仍然缺乏足够的关注。

本研究是以土地流转中的一种类型——土地规模流转为讨论对象,采用"土地-治理"的范式。当然,本书的"土地-治理"范式并非完全区别于前两种范式,既有研究为本研究的展开提供了基础和启发。但相比于既有研究,本研究侧重展示、讨论土地规模流转与地方治理的双向互动：一方面分析现有的治理结构是如何导致土地规模流转发生；另一方面侧重点讨论土地规模流转后对整个乡村治理体制所产生的直接和长远影响。

三　基本内容与基本概念

（一）基本内容

具体而言，本书的内容分为以下部分。

导论部分是对研究缘起、既有研究以及全书基本概念和调研地点基本情况的介绍。

第一章讨论土地在村庄共同体整合中扮演的功能。现代社会的变迁固然是一场从村社共同体到社会的转变，但随着现代社会中各种问题的出现，传统村社共同体的价值和功能得到了再次凸显。然而，一直以来关于村社共同体的研究没有特别强调土地在村社共同体产生和维系中的作用和地位。该部分建构了一个村社共同体的理想类型，并从集体意识、权威结构以及公共生活三个面向入手，分析并讨论土地在其中发挥的不可替代作用。基于这种视角，本书认为，改革开放以来，随着大量人口离开土地转移到非农产业就业，村社共同体的内聚力下降，但市场经济的力量并没有彻底瓦解共同体的存在，当前农村社会仍然存在一种"底线式的共同体"。

第二章从国家层面和地方政府层面讨论土地规模流转的发生机制以及与之相伴随的村社共同体的瓦解机制。随着小农经济弊端的日益凸显，国家有意识地推动农业体系的变迁，这表现为对土地空间的再造、对土地权利形态的建构以及效率话语的植入等。这场改造的结果是土地的商品化属性被放大，土地具有了溢出并瓦解村社共同体的可能。在国家的政策导向下，土地的规模流转具备了合法性的基础，而在地方政府的治理需要下，土地规模流转具有了直接的推动力量。然而，在实践中，土地流转逐渐被地方政府自身的组织利益所绑架，土地流转呈现加速进行的趋势，原有村社共同体彻底瓦解。

第三章分析土地规模流转对村庄治理带来的影响。在土地规模流转后，村庄社会呈现众多新变化。首先，熟人社会化解矛盾的机制丧失，农民与资本的矛盾上升；其次，农民的阶层分化进一步加剧，村社整合难度加大；最后，与土地规模流转的发生相伴随，地方政府往往推动"农民上楼"运动，力图实现对农民居住空间的再造。在"农民上楼"后，传统村社共同体的空间形态和社会关系被彻底消灭。随着村社共同体的瓦解，地方规范失效、社会结构失调、社区公共生活和农民生活失序等问题相继出现，土地规模流转导致农民和村庄付出了沉重的社会与治理代价。

第五章分析土地规模流转对基层治理所产生的影响。随着农业规模经营的失败，农民社区中的治理困境开始向外溢出，农民与资本、农民与地方政府的矛盾和纠纷开始大量出现。在矛盾和纠纷的特征上，其呈现不同阶段的不同特征。但在矛盾和纠纷的最终指向上，地方政府成为各种问题的"兜底者"。然而，随着矛盾和纠纷的日益普遍和冲突升级，地方政府根本无法有效地应对和解决。这意味着，如果不能建构出有效的治理机制，地方社会的治理将长期面临结构性的紧张局面。

最后一章是结论部分。该部分是对全书的理论提炼，并提出相应的对策和建议。

（二）基本概念

（1）土地规模流转。土地规模流转需要在概念上进行界定，即究竟达到何种程度才能构成本书中的规模流转。由于中国农村的地理环境、人均耕地面积的差异，对于规模的理解必然存在差异。因此，从土地面积的单一角度难以对规模流转下一个精确的定义，本书主要从三个角度来进行界定。

第一，土地经营模式主要采取资本化运作和管理的方式。首先，土地的流入方本身不参与劳动，主要依靠农业机械化和雇佣劳动来解决农业生产的管理问题。其次，生产的目的是实现资本的保值与增值，而不是自己和家庭的消费。因此，与小农家庭式的土地经营不同，土地规模经营体现出明显的资本化经营的特征。

第二，流转的发生过程具有权力主导和政治动员的色彩。在农业产出有限的条件下，资本要获得一定的产业利润必须有足够的土地面积作为前提，但是在土地被小农家庭占有的产权格局下，资本欲获得足够面积的土地就必须与数量庞大的小农打交道，而单凭资本自身的力量难以完成这个目标。因此，规模流转的发生一般都需要地方政府的推动，依靠权力的动员、说服甚至强制等手段完成①。土地规模流转具有鲜明的政治动员色彩。

第三，具备一定规模的土地面积。从当前各地的实践来看，规模流转呈现从几百亩到数十万亩不等的特征。由于中国农村社会的地理条件、耕种技术、种植结构存在差异，单纯从土地面积的角度来界定规模流转有时并不准确。因此，对土地流转是否为规模流转的判断必须结合特定的语境。相比较而言，土地规模经营的前两个特征具有决定性作用，土地面积是判断是否构成规模流转的辅助和次级标准。

（2）治理。治理（governance）一词源于拉丁文和古希腊语，原意是控制、引导和操纵。一直以来它与"统治"（government）一词交叉使用，并且主要用于与国家的公共事务相关的管理活动和政治活动中。但是，自1990年代以来，西方政治学和经济学家赋予"治理"新的含义。按照全球治理委员会的定义，治理是各种公共的或私人的个人和机构管理其共同事务诸多方式的综合，治理不是一整套规则，也不是一种活动，而是一个过程；治理过程的基础不是控制，而是协调；治理既涉及公共部门，也包括私人部门；治理不是一种正式的制度，而是持续的互动（俞可平，2000）。

治理的目标在于"善治"（good governance），即实现一种国家和社会良好的合作关系。本书的治理概念具有两层含义：第一，

---

① 本书的地方政府主要指县、乡两级政府。

指在乡村社会中的地方政府、村民委员会等公共权力机构对社会进行管理、协调,以达成良好秩序的过程;第二,除去地方政府和村委会代表的正式力量,村社中还具有内生的社会性力量,包括传统的习惯、公共舆论以及农民的血缘、地缘组织等,这些约束村民的行为进而达成农村良好秩序的力量也是"治理"的重要主体。

四 调研地点介绍

从2012年开始,笔者及研究团队先后奔赴湖北X区、湖北Z县、安徽F县、湖南H县、江苏L水区、江苏P县、江苏S县、浙江J县五省八县(区)展开调研,每一个调研地点调研时间从7天到25天不等,调研累计时间为180天左右。本书正是基于对以上地点的调研而完成。

①湖北X区位于江汉平原北部,辖8个乡镇、4个街道办事处以及1个省级开发区,共有行政村365个,社区82个,2013年全区总人口85.1万人。全区农作物种植面积116.5万亩,为全省优质稻工程示范县(市、区)之一。该区有湖北省农业产业龙头企业——CH农业发展公司,自2011年开始,该公司流入农民的土地多达2万多亩。2013年,该区农村土地流转率达到27.3%。笔者带领研究团队于2012年5~6月在该区的三个乡镇展开过专题调研。

②湖北Z县位于秦巴山区腹地,地处鄂西北山地,辖17个乡镇,共有279个行政村,2012年共有人口42万人左右。在农业产业结构上,由于地处山区,当地大力发展并推动茶叶、蔬菜、中药材、油料、水产养殖五种农业产业建设。尤其是茶叶种植在当地经济结构中所占比重较大,2014年全县茶园总面积达到12万亩,年产值超过4亿元。该县有湖北省农业产业化的龙头企业——S茶叶公司,其先后流入农民土地近2000亩。笔者带领研究团队于2013年4~5月在该县的三个乡镇展开专题调研。

③安徽F县位于安徽南部,地处长江中游南岸,属于典型的丘陵地带,辖六个乡镇、19个居委会、75个行政村。2014年共有

人口 28 万人左右。该县是国家重要的粮食生产基地和农业大县，农民普遍种植两季水稻。2012 年，县政府积极推动土地的大规模流转，部分乡镇已经实现了土地的整村流转。2014 年，全县耕地流转面积占家庭承包经营耕地面积的近 60%，其中百亩以上种粮大户和 500 亩以上蔬菜种植大户达到 100 多户。笔者及其研究团队于 2010 年 12 月、2011 年 7 月，以及 2013 年 10～11 月在该县的 P 镇展开多次专题调研。

④湖南 H 县位于湖南省西北部，衡山之南，湘江中游。该县下辖 26 个乡镇，893 个行政村，共有人口 123 万人。2013 年，全县粮食播种面积为 150 万亩左右，其中稻谷播种面积达到 130 万亩左右。该县的安邦农业科技公司 2009 年成立，通过不断流转农民的土地，目前已实现规模种植 25 万亩，服务农民的土地面积则达到 600 多万亩。该县是全国著名的"粮食生产标兵"县和商品粮生产基地。2013 年 5～8 月，笔者所在研究团队的成员曾在此多次进行专题调研。

⑤江苏 L 区地处长江之滨，属于丘陵地带，辖 2 个街道办事处、6 个乡镇，共有行政村 91 个，社区 28 个。2012 年全区人口在 42 万人左右，共有耕地 46 万亩。2014 年，农民人均收入达到 1.2 万元。2012 年，L 区所在的江苏省大力推动所谓的"万顷良田计划"，L 区的部分行政村乃至个别乡镇都已经实现了整建制的土地规模流转。由于该地区处在长三角经济圈内，其提供了一个发达地区土地规模流转的样本。笔者于 2015 年 7～8 月在该县的 L 镇展开专题调研。

⑥江苏 S 县位于苏北平原。该县辖 13 个镇、1 个经济开发区，共有 150 个行政村、91 个社区。2012 年全县共有人口 105 万人左右。该县主要种植水稻、小麦等粮食作物，为国家重要的商品粮基地，其生产的"S 大米"是江苏省著名的农业产业化品牌。2013 年该县推动"联耕联种"的改革，即在不推动土地流转的前提下，通过农民破除田埂、联合起来的方式统一耕种土地，这既使得农业大机械的作业成为可能，也有利于农业新技术推广，从而提高了农业

的现代化水平。相比于土地流转地区，S县提供了当前一种不建立在土地流转基础上的农业现代化模式。笔者及研究团队于2015年10月在该县的H镇、CD镇等乡镇展开专题调研。

⑦江苏P县位于苏北平原，辖4个街道，13个乡镇，共有318个行政村、57个社区，2015年全县共有人口约112万人。全县共有耕地122万亩，粮食作物以小麦、稻米、玉米为主，经济作物主要有大豆、棉花、蔬菜等。该县土地资源稀缺，2012年开始在部分乡镇大力推广"撤村并居"与"农民上楼"。笔者于2015年12月在该县的D镇、Y镇等乡镇展开专题调研。

⑧浙江T县位于浙江南部，紧邻上海，处于长三角的核心地带。该县下辖6个乡镇，3个街道，共有104个行政村、47个社区。全县耕地面积47.5万亩左右。2012年底，常住人口约80万人，其中本地户籍人口约38万人，外来常住人口约42万人。2014年，T县农民人均纯收入达到25048元，形成了粮食、蔬菜、水果、畜牧、花卉、水产、食用菌、休闲观光农业八大农业产业。在2008年，T县所在的J市确定了"两分两换"的农村改革思路，即按照宅基地与承包地分开、搬迁与土地流转分开，以宅基地置换城镇房产、以土地承包经营权置换社会保障的方式推动农村土地流转和"农民上楼"。笔者带领研究团队于2014年7~8月在该县的YZ镇进行了专题调研。

第一章　理想与现实：土地与村社共同体的维系机制

在传统的东亚社会，社区（共同体）一直是农民生活的基本单位，村社共同体构成了基层社会最稳定的社会治理单元。由于血缘关系、地缘关系的存在，村社是一个亲密的熟人社会（费孝通，2012），这使得其在国家权力缺位的条件下仍然能有效地保障和实现内部的基本秩序。但是，血缘和地缘只是构成村社共同体的基础，并非一个村社共同体持续存在的充分条件。无论是在"理想类型"意义上的村社共同体中，还是在当代中国农村的现实中，土地在村社内部的被经营和被耕种都是维系共同体的一个重要条件①。

一　村社共同体的理想类型

"理想类型"是马克斯·韦伯提出的一种重要分析概念和工具。"理想类型"分析建立在对现实高度的概括性、抽象性基础上，因而与现实本身保持一定的距离，但是，由于"理想类型"突出了经验事实中最典型和最重要的东西，其构成了认识事物本

---

① 20世纪以来，关于中国村落的共同体性质主要是由日本学者提出，其中最著名的争论为"戒能－平野"争论。由于以日本社会高度内聚的村社为参照，并且对村社共同体构成的判断标准不同，平野义太郎、戒能通孝就中国农村是否存在共同体发生了争论（参见李国庆，2005）。本书的共同体并没有采取严格意义上的、具有高度内聚力的共同体概念，而是认为相比于其他社团，中国传统的村社都构成一般意义上的村落共同体。

质特征并进行理论建构的重要方法和视角（周晓虹，2002）。在笔者看来，"理想类型"意义上的村社共同体具有三个重要特征：一是村社成员具有集体意识；二是村社内部具有权威结构；三是村社具有公共的生活。以下分别分析土地的经营形态在这三个特征的产生和维系中发挥的功能和作用。

（一）土地与集体意识的维系

相比于陌生社会中的个体，生活在村落共同体中的成员有一种明显的"集体意识"，这种群体心理正是村社共同体得以维持的重要基础。集体意识是一种整体意识，是村社成员在内心中自然产生的"我们感"。从起源上来看，集体意识的产生是文化、历史以及心理等各种因素的综合产物，但从集体意识的维系机制上看，其与土地的经营形态密切相关。

首先，以小农家庭为主体的土地经营形态实现了村社成员生活场域和生产场域的高度重合，从而增加了彼此之间互动的需要，进而为培养和维系集体意识提供了可能。村社是成员"生于斯、长于斯、老于斯"的地方，村社成员之间固然具有日常生活的互动；但是，对于村社共同体的维系来说，仅仅有生活中的交往是不够的，因为在生存和发展仍然是人最重要考量的社会条件下，生活中的交往完全有可能因为生产的忙碌而受到影响乃至消解。而在村庄中，农民既围绕着土地展开生产活动，又在该土地上展开生活活动。因此，相比于其他社会团体，村社之所以具有强烈的共同体属性，其中一个重要条件就在于其内部成员的生产和生活空间是合二为一的。

正是由于村社中生产和生活合一的特征，村社成员从来不会因为忙于生产而生疏了彼此之间生活中的关系，而生产上的互动又使得生活中的互动更加频繁。在传统的村社中，由于根据农作物的生物特性和季节特征安排农业生产，农民虽然以家庭为单位进行劳动，但农作物相同的生长节令决定了农民的劳作和休闲具有群体性和一致性的特征。在共同劳动的场景中，不存在类似工厂化的科层管理体制，农民的农业劳动从来不是枯燥、单一的生产活动，而总是伴随着相互之间的情感交流与信息传递。尤其是农业生产发生在一个开放的空间之中，任何人的活动都暴露在别人的眼光之下，任何人都可以参与双边和多边的互动。这样一幅画面对于有过农村生活体验的人而言并不陌生：尽管劳动的农民相隔几十米，但仍能扯着嗓子相互问候甚至互相调侃。安徽F县近年来进行了以村庄为单位的大规模土地流转，土地流转之后很多老人成为闲置劳动力，2012年，72岁的刘姓老人流转出耕种了一辈子的土地，他不无留恋地描绘了土地流转之前劳动的画面。

> （之前）家里有5口人，5亩9分田，都是自己老两口在种，农忙时儿子（外出打工了）回来帮忙。种田大家一起干活，做做事，说说话，也挺有意思。现在种田又不累了（有农业机械），下地劳动等于是集体聚会。现在不搞生产，不搞集体事业，见面的机会也少些，串门也少些[①]。

与现代社会中人们的生活场所和生产场所已经发生了分离并且形成了明显区隔不同，在村社共同体中，农民的生产本身就是一种生活方式，生产中的"同事"同样是生活中的邻里与亲友。如果村社只是纯粹的生活场所，那必将弱化共同体意识。譬如，在一些城市社区中，居民的居住空间更加紧凑、密集，但由于社区成员的生产不在同一场地内完成，其共同体的特征与属性明显低于传统的村社共同体，甚至并不存在。在这个意义上，村社成员生产与生活空间的重合造就了一种"抬头不见低头见"的共同体生活，而这一切都源于土地被小农家庭所经营这一基本的社会事实。

其次，土地的小农经营不仅使得村社成员的生产和生活合一，还产生了成员之间的相互依赖性，直接建构了村庄的集体意识。在村社共同体之中，农民依靠土地维持生存，但是农业的生产并

---

① 2010年12月20日安徽F县某村刘某访谈资料。

第一章 理想与现实：土地与村社共同体的维系机制

图1-1 怡然自得的种田老人

非小农依靠个体的家庭力量就能完成。特别是在农忙时节以及遇到自然灾害时，农业生产所需要的劳动力急剧增长，这个时候家庭内部的劳动力就无法满足需要。从理论上讲，此时的农民有两种可以依靠的力量：一是市场力量，二是村社力量。然而，以市场的交易来获取农业生产的服务并非传统村社中的常态，这一方面在于外部的专业化农业服务市场往往未充分发育，另一方面更根本的原因在于，农业的生产剩余有限，农民不愿意通过支付报酬的方式使得本已有限的农业产出外流。因此，农民更多的是通过村社其他成员的帮助来解决农业生产的紧急问题，而获得帮助的前提是曾经帮助或者被预期能在将来帮助他人。在这种彼此的需要下，村社内部形成了一套区别于外部市场交易机制的互助与合作机制。

但并非每一个成员都能获得互助和合作的机会，村民在日常的生活中是否有好的名声以及好的人际关系是决定其能否参与互助和合作的重要依据。一个平时自私自利、口碑较差，乃至被社区边缘化的村社成员在生产的关键时期往往要承受其平时所造成的不利影响。比如，在长江中游的水稻两季种植区，由于晚稻栽种的时间较短，一旦插秧时间推迟，将严重影响产量，农民这个时候特别需要包括亲戚、朋友在内的其他村民的帮助。在传统的农业社会时代如果此时无法获得帮助，轻则减产，重则颗粒无收，自身的生存都因此受到威胁。

不仅在农业生产的紧急时期，在日常的生产中，小农家庭的农业生产完成同样需要维护良好的社区关系。比如，在一些丘陵地区，土地高低不平、相互交错，一户农民在施肥的时候就必须与上游土地的主人打好招呼，避免其此时在田里灌溉，否则自己的肥料都将被来自上游的水冲走；同样，为了防止虫子四处逃窜，在治理庄稼虫害的时候也只有相邻地块的村民一起劳作才能产生消灭虫害的良好效果；等等。这些生产活动看似以个体家庭为单位进行，但实际上都是建立在一定程度的社区协调与合作基础之上的。

图 1-2　浙江 J 县一个普通的江南村庄

在土地仍然是村民最重要的生存依靠的条件下，村社中的个人就不能离开他人而存在，村社成员之间形成了对彼此的高度依赖。为此，一个合格的村社成员为人处世必须不走极端、不相互对立，懂得人情世故、扶危济困，否则就将丧失在村社中生存和发展的机会。在这个意义上，土地绝不是一种单纯的生产资料，更是一种重要的社会纽带。为了完成土地的经营，小农之间展开合作与互助，村社中的集体意识得以维系。

（二）土地与村社权威结构的生产

村社共同体的维系不仅需要成员之间的相互依赖和整体意识，还需要权威结构的支撑，即需要一种村社内部的纵向支配关系来实现村社的整合。与科层制中权威的生成机制不同，村社中的权威仍然是围绕土地的生产而产生的。

在村社中，在国家缺位的条件下，农民必须以合作的方式来完成农田基础设施的建设和公共秩序的维系，比如，农村水利道路建设、治安维护等。作为村庄社会的公共产品，不付出成本的成员也可能获利，为了防止成员的不合作，村庄必须发育出一套防止成员"搭便车"的制裁机制。为此，村社需要有超越个体农民的权威力量来组织、动员农民，并惩罚不合作的农民。如此，才能克服村社成员的散漫和离心倾向，维持村社共同体的长久运作。

从历史上看，村社权威表现为两种类型：一类是基于血缘、地缘关系产生的宗族长老；一类则是占有经济、政治、文化资源的乡绅精英。当然，在很多时候，二者的身份是重合的。就前者而言，宗族权威仍然是基于农业生产的需要而产生。弗里德曼发现，在中国的东南地区的宗族组织之所以广泛且强大在于其满足了农业生产的功能需要，即处在远离中央政权的边陲社会状态下，人们需要开发"处女地"和大量的自卫力量。正是为了满足这两种需要，人们必须组合成合作性的群体。而从中原迁移到东南的汉人从家乡带来了父权的意识形态，其构成了发展宗族的文化系统（王铭铭，2005）。尽管这种结构功能主义的解释在后来的宗族研究中不断遭到挑战，但是弗里德曼对农业生产在宗族权威产生机制上的基础性作用却具有启发意义。

如果说宗族的势力与功能视其地域的分布而呈现明显差异的话，那么相比于宗族，乡绅精英在中国传统社会中的作用更为普遍。在传统的国家形态下，国家对社会的治理采取的是一种"皇权不下县"的治理结构,乡村社会中的秩序达成需要乡绅群体在村社中发挥功能,由此产生了基层社会中国家力量与社会力量并存的"双轨政治"(费孝通,2006)。在宗族和村社重合的空间中,乡绅精英对宗族的管理同时也是对村社的管理;而在村社由数个宗族构成的条件下,来自不同宗族的乡绅代表通过协商共同达成村社的公共治理。传统的阶层学说强调的是地主阶层与农民群体的对立,但是,从历史的真实来看,二者的互相依赖性要高于利益的对立性。一方面,在机械化未普及的农业时代,村社精英必须依赖贫雇农所提供的农业劳动力。正如在传统的印度尼西亚村社中,"富裕的农民和农场主拥有大面积的土地,他们不可能单靠自己耕作,因此他们在犁地、插秧、收割和脱粒方面需要更多劳动力。而无地或者少地的农民尽管没有财富和土地,但他们拥有充足的劳动力,可以为地主和农场主提供服务"(斯科特,2011:92)。另一方面,分散的农民既需要乡绅、宗族提供农业生产和村社的基本秩序,又需要其提供农业的就业和兼业机会①。因此,在村社中尽管存在阶层的分化,但阶层之间的分离趋势却被一种更有力的力量实现了整合,村社权威与普通村民之间形成的是一种"庇护－支配"型的关系。

作为村社中的权威结构,宗族和乡绅的存在还需要相应的经济保障。而在这一点上,土地制度仍然发挥着关键性的作用。在传统的村社内部,除去归农民家庭所有的土地外,还有相当一部分土地属于村社或者家族共有。比如,有研究证实在土地改革前中国东南地区的部分村庄中,公共土地占耕地总面积的比例达到40%(曹树基、刘诗古,2014:49)。通过公共土地,家族和村社具有了安排祭祀、济困等公共活动的经济资源,这正是村社权威结构存在的经济基础。

---

① 不可否认的是,在传统的村社中,农民占有的土地数量并不平等。对于无地或者少地的农民而言,他们主要的就业渠道就是成为地主和富农的长期农业雇佣工人;而对于一般的自耕农而言,他们在完成自家的农业生产之后可以为地主和富农提供短期的劳动服务,从而增加家庭收入。

第一章 理想与现实：土地与村社共同体的维系机制

图 1-3 主持村庄公共活动并具有威望的老人

20世纪以来，随着国家政权建设以及革命的推进与完成，国家的权力开始深入乡村社会内部，国家在改造乃至消灭传统的乡村精英阶层后实现了对乡村社会的直接控制，由此导致国家权威覆盖、替代了传统的社会权威。在大集体时代，由于农业经营模式被改变，国家权力直接介入农业生产领域，从而消解了乡村内生权威存在的基础。但是，随着以家庭为单位的家庭联产承包责任制的实施，分散的小农重新成为生产的主体，力量有限的小农为了完成农业生产必然又再次具有对村社内生权威的需求。

改革开放以来，南京L区的农村形成了行政村与自然村同时发挥治理作用的"双层治理结构"。作为村民自治的基本单位，村民委员会虽然是由全村村民民主选举产生，但在当前的基层治理结构下其更多地扮演着地方政府行政任务执行者的角色。与行政村相比，自然村的"村长"在村民的日常生活和生产中扮演着更加基础性的作用。自然村"村长"一般是村民民主推选产生。由于自然村是一个真正意义上的熟

23

人社会，村民之间都知根知底，民主推选一般都能将村中办事公道又愿意做事的能人推举上来。比如，随着年轻人大量离开村庄，当前农村中的"新四老"人员，即老教师、老党员、老干部、老军人当选比例较高，这显然是与其能力强、见识广等职业因素相关。村民之所以要选举"村长"，正在于本自然村内农田水利的协调、小规模基础设施建设、纠纷的调解等都离不开"村长"。在村民看来，行政村村主任是管"大事"，对于自然村的事务一般不介入管理，而自然村"村长"则是管"小事"，管理与村民生产和生活更加密切的事务。在经费的来源上，除去一些紧急开支需要农民集资外，村社日常的管理经费和公益事业开支来自自然村集体资源，如水塘、集体机动地等的发包。经费虽然不多，却构成了自然村村社治理的经济保障[①]。

其实不仅是南京农村，从全国来看，以自然村一级或者以村民小组为单位的非正式治理广泛存在，特别是在行政村地理范围过大，国家和村委会不可能事事介入的时候，为了维持公共秩序，自然村往往要产生内生的社会权威。在这个意义上，以自然村为单位的治理结构的形成动力正是来自分散的且力量有效的小农对公共秩序的需求。而且，由于自然村的自治功能，行政村的治理任务和治理压力大大减轻。为了鼓励这种治理模式，南京的村委会一般都要给自然村"村长"支付一年1000~2000元的务工补贴。虽然薪酬不高，但由于"村长"都是本村仍然在从事土地耕种的农民，兼职"村长"这一职务并不会对其生活和生产产生影响，低廉的薪酬足以维持这种治理结构。

总之，无论是宗族、乡绅还是当前普遍存在的村民小组长（自然村"村长"）都是村社共同体中的一种内生权威结构。这种

[①] 2015年7月5日~7月15日南京L区农村调研资料。

权威结构的生成来自小农农业生产的需要,而一旦权威产生又必然溢出生产领域,成为村治秩序中的重要整合力量,从而更加有力地维系村社共同体的存在。

(三) 土地与村社公共生活的产生

任何的共同体的维系都需要一定频率的公共生活和集体活动。在活动中,群体成员既能增进彼此的感情,也能感受到集体的存在和历史的传承。因此,在一般的社会团体中,比如工厂、学校、医院等,团体组织者会有意识地组织本团体的成员开展一些集体活动,以培养集体感情。但是,这些团体中公共活动的展开是服务于团体本身的功能目标的。或者说,集体活动的展开是为了更好地实现团体的生产目的,其本身并不具有独立的意义。然而,在村社中围绕着土地耕种产生了一种完全不同于一般社会团体的公共生活,这种公共生活不仅不服务于生产目的,农业生产反而要屈从于公共生活的逻辑。由于具有独立存在的价值和意义,相比于一般意义上的公共活动,村社中围绕着土地耕种所产生的公共生活更加强化了村社共同体的存在。

农民对村社公共生活的看重代表的是一种完全不同于资本主义生产逻辑的精神气质和生活态度。事实上,关于小农的生活态度以及行为逻辑究竟为何一直存在着争论。在传统的理性小农学派看来,小农作为"经济人",他们与资本主义企业家一样追求利润的最大化。也就是说,与资本主义的公司类似,小农是能够在权衡长、短期利益之后,做出理性选择的投资者。在这个过程中,农民能够最有效率地安排自己的劳动时间,以"成本-收益"的原则支配自己的行动以追求最大化利润[1]。这种观点符合经济学的

---

[1] 理性小农学派的代表人物有塞缪尔·波普金、西奥·舒尔茨等人,可参见 S. Popkin, *The rational Peasant*, University of California Press, 1979;西奥·舒尔茨:《改造传统农业》,商务印书馆,2006年版。

理性人假设，具有较强的解释力，但是如同经济学的其他假设一样，对小农生产和生活态度的判断是将农民抽离了其所在的社会关系和社会资源环境，从而只是一种高度理想化的行为假设；与之相反，道义小农学派则认为小农与资本主义企业的行为逻辑并不相同，农民家庭既是一个消费单位又是一个生产单位，并因为常常面临着"水淹到脖子"的困境而更多地遵循"生存伦理"。在这种理论假设下，以可靠和稳定的方式满足家庭生存的最低需求才是小农行为的根本特征①。于是，"理性小农"和"道义小农"构成了对传统农民行为的两种解释。

然而，对于农民行为逻辑的概括不应该进行一种抽象的、本质主义的判断，而应该将其放在特定的、具体的生存境遇、制度安排和社会变迁的背景中进行。在资源丰富且人地关系不紧张的地区，农民可能采取经济理性化的行动；但在一些农业停滞、落后的国家和地区，农业的产出已经临近极限，增加传统农业生产要素投资所增加的收益率太低，以致对农民的投资和理性行为缺乏足够的经济刺激（舒尔茨，2006）。就传统的中国村社而言，在19世纪以后，人地关系的紧张导致小农面临极大的生存压力。在土地等资源制约的条件下，对于小农来说，尽管可以通过增加劳动的投入增加产出，但是与投入的劳动相比，产出的增量却微不足道，农业生产的"内卷化"导致农民缺少投入生产的积极性，转而将劳动消耗在非生产性的社会活动环节。对于传统中国农民的生产态度，费孝通基于云南三村的考察进行了如下的描述。

> 那辈脱离了农田劳动的人，在我们看来，在农作中省下来的劳力，并没有在别的生产事业中加以利用，很可说大部分是浪费在烟榻上，赌桌边，街头巷尾的闲谈中，城里的茶馆里。

---

① 道义小农学派的主要代表人物为詹姆斯·斯科特，可参见斯科特，2011。

第一章　理想与现实：土地与村社共同体的维系机制

> 禄村的宜六爷要掼谷子，和他三十多岁的儿子说：明天你不要上街，帮着掼一天谷子吧。他的儿子却这样回答：掼一天谷子不过三毛钱，我一天不抽香烟，不是就省出来了吗？
> 这种在节流方面作经济考虑以避免开源时所得忍受的痛苦，却是我们传统经济中常见的态度（费孝通，2006：107~111）。

在高度紧张的人地关系模式下，农民的劳动力供给已经远大于实际所需要的劳动力，在此基础上，有限的农业产出又无法刺激农民将更多的时间投入生产性的活动，传统村社中的农民就不可能进行一种以追求效率最大化为目的的社会行动。正因如此，在村社生活中，小农将大量的时间投入社区的公共活动之中，如串门、祭祖、祭神等，从而寻求一种社会意义。在这种行动逻辑下，农民的生产性活动减少，公共性活动增多。对于村社整体而言，正是因为具有了这种公共活动，村社的公共性得以生成。

村社的公共性是建立在村社内部的农业生产基础之上的。一旦土地流出村庄，农民不再以土地作为家庭收入的来源，进而彻底卷入外部具有无限生产潜力的市场经济活动之中时，这种传统的生活态度和方式就必然要遭受冲击。一个农民对比了土地流转前后的心态变化。

> 原来在家从事土地耕种，由于自己种田，时间自己掌控。如果天气热，上午就不去干活了，下午有时闲聊，也没去。现在不同了，那么多人都出去打工，年纪大的不敢在家闲着了。因为闲着一天就是少一天的收入，按照当前的市场行情，一个小工一天的收入在200块左右。怎么能闲着呢，只要能动弹就要出去挣钱。别人都忙，你能闲着吗？[①]

[①] 2015年7月20日南京L区农民范某访谈。

土地流转与乡村秩序再造

图 1-4　浙江 J 县的老人农业

与其说该农民所遭受的这种压力来自其他村民的评价，不如说来自农民告别土地耕种后生产逻辑的转变。在外部市场中，资本主义的市场力量不仅要求把货币、土地、劳动力都变成可以自由交易的商品，而且要求经济从社会中脱嵌，要求一切社会制度都转向适应营利目标、效用原则，以便把社会变成"市场社会"（波兰尼，2007）。在效率原则下，一个人要实现成本收益的最大化，要充分地将自己的时间投入生产和创造财富的过程中，即所谓"时间就是金钱、效率就是生命"。一旦这种新的生活态度形成，农民就会按照资本主导的生产效率最大化原则来开展行动，市场经济所出现的大量非农就业机会为农民开展具有效率的行动提供了可能。与此同时，传统村社的公共活动都会因为牵扯了农民的生产时间而被认为是无效率的，进而应该是被消灭的。这种以生产为核心并且创造尽可能多财富的生产与生活态度是资本主义经济发展的重要力量，但却是村社公共生活被消解的致命因素。

因此，只有在村社内部，在小农耕种有限面积土地的条件下，农民才能形成并保持这样一种闲适的、不以效率最大化为原则的生活态度，进而维系有意义的公共生活。尽管随着社会的转型这

第一章 理想与现实：土地与村社共同体的维系机制

种生活和生产态度因为"低效率"而承受外部的压力，但是随着资本力量的过度发展，传统村社的生活态度又必将成为医治现代社会中急速膨胀并无止境的消费欲望和精神空虚的一剂良方。在这个意义上，传统并非一定要被彻底抛弃，而维系村社传统的基础就在于要对土地与村社的关系有充分的体认：村社中的土地并非仅仅是一种生产资料，其还发挥着重要的社会整合和价值生产功能。

总之，即使人群高密度地居住在一个空间中，他们也永远不会自发地产生共同体的意识。人与人的交往需要交往的理由、交往的制度保障和交往的意义系统。在村社共同体中，农业生产的需要为成员的交往提供了理由，并且使得彼此很难彻底分离；围绕着土地耕种所产生的权威结构则构成村社内人与人关系良性发展的组织保障；基于土地而产生的有意义的公共生活则为村社成员的交往提供了价值系统。因此，围绕着土地的耕种与经营，村社共同体得以维系。

二 底线的共同体是如何可能的

在理想类型的村社共同体中，土地在共同体的维系中发挥重要功能，甚至在某种程度上可以认为，村社成员之间的关系是由人与土地的关系所决定的。然而，在社会学经典的命题中，现代社会的变迁却是一场从"社区"到"社会"的变迁（滕尼斯，1999），随着工业革命后资本主义大生产在欧美诸国逐渐兴起，作为生产基本要素的土地、劳动力以及货币必须实现自由的市场流转，以为资本主义的运作提供可能（波兰尼，2013）。随着土地从农民手中流出，以及农民作为自由劳动力离开村落，市场和资本成为瓦解村社共同体的直接力量。

在中国农村，20世纪80年代以来，随着外部就业机会的出现以及城市管理制度的松动，长期被束缚在土地上的农民开始到城市中就业，人与土地的分离导致村社共同体内聚力的下降。在村社共同体的内聚力上，当下的村庄共同体已经不能与传统的村社相比。尤其是在中西部的农村地区，由于人、财、物的大量外流，村社已经呈现"空心化"的明显特征。作为敌视共同体的力量，市场经济的兴起极大地改变了传统中国村社的景观，然而，迄今其还没有导致村社共同体的彻底瓦解。由于当前村社中的一种特殊机制，村社成员与土地的关系处在一种疏离却未断裂的状态，从而使得一种"底线的村社共同体"得以维系。

（一）以"代际分工"为中介的人地关系

在当前的经济社会条件下，农民已经不再是铁板一块，其本身已经出现分化，因此，要分析农民和土地的关系首先要对农民进行类型化的分类。依照农民家庭收入的主要来源，当前中西部农村中的农民基本上可以分为四种类型：常年外出打工的农民，其家庭收入主要来自农业之外的产业；"半工半耕"的农民，其家庭收入由种田收入与打工收入两部分组成[①]；种田农户，其家庭收入全部来自务农，他们一般也是村庄中收入最少的贫弱阶层；村庄经商农民。由于游走在体制外，这类群体虽然拥有本村的户籍，但是已经常年不在村，而且所占比例较小。笔者及研究团队对安徽F县L镇三个自然村的农民类型进行了统计，具体见表1-1。

从表1-1可以看出，在当前村社中构成农民主体的是务工农民和"半工半耕"的农民。本小节将重点分析务工农民与土地的关联，下一节分析兼业农民和土地的关联。在调研中发现，尽管务工农民已经离开了村庄，但是他们与村社土地的联系没有被彻底切断，而是通过家庭分工的重新调整与土地保持着一定程度的关联。

从现实来看，这种建立在代际基础上的农村家庭分工模式较为普遍，即老年父母留村务农，子女外出务工。即使子女成家后，

[①] 依据务工和务农收入在家庭收入中的比重，又可以将这部分农民分为以务工为主的兼业家庭和以务农为主的兼业家庭。

第一章 理想与现实：土地与村社共同体的维系机制

表1-1 安徽 F 县平镇三个自然村的农民类型

组别	总耕地面积(亩)	户数(户)	村庄贫弱家庭 户数(户)	村庄贫弱家庭 比例(%)	村庄贫弱家庭 总面积(亩)	村庄贫弱家庭 占总比例(%)	村庄贫弱家庭 户均(亩)	以务工为主的兼业家庭 户数(户)	以务工为主的兼业家庭 比例(%)	以务工为主的兼业家庭 总面积(亩)	以务工为主的兼业家庭 占总比例(%)	以务工为主的兼业家庭 户均(亩)	以务农为主的兼业家庭 户数(户)	以务农为主的兼业家庭 比例(%)	以务农为主的兼业家庭 总面积(亩)	以务农为主的兼业家庭 占总比例(%)	以务农为主的兼业家庭 户均(亩)	举家务工家庭 户数(户)	举家务工家庭 比例(%)	举家务工家庭 总面积(亩)	举家务工家庭 户均(亩)	外出经商家庭 户数(户)	外出经商家庭 比例(%)	外出经商家庭 总面积(亩)	外出经商家庭 户均(亩)
MRWL 组	273	43	10	23.3	52	19.0	5.2	4	9.3	33	12.1	8.3	8	18.6	148	54.2	18.5	13	30.3	0	0	8	18.6	0	0
PPQL 组	102	17	0[①]	0	0	0	0	2	11.8	10	9.8	5	6	35.3	80	78.4	13.3	5	29.4	0	0	5	29.4	0	0
LCXC 组	160	19	3	15.8	33	20.6	11	5	26.3	39	24.3	7.8	3	15.8	88	55.0	29.3	5	26.3	0	0	3	15.8	0	0
总数/均值	535	79	13	13.0	85	13.2	5.4	11	15.8	82	15.4	7.0	17	23.2	316	62.5[②]	20.4	23	28.7	0	0	16	21.3	0	0

注：①PPDL 组邻近乡镇，经济条件相对较好，在村庄贫弱家庭的统计中数量为0。因此，三个村庄村庄贫弱家庭和以务农为主的兼业家庭的数据看，三个小组三个类别的比例为13.2%+15.4%+62.5%=91.1%，有一定的特殊性。
②三个小组村庄贫弱家庭、以务工为主的兼业家庭和以务农为主的兼业家庭实际土地面积不等于小组耕地承包面积，是由于一部分土地流入其他小组。从以上统计到的数据看，三个小组三个类别的比例为13.2%+15.4%+62.5%=91.1%，可知其他8.9%的土地流出到其他小组。

31

这种分工模式仍然长期维持。年迈的父母不仅可以耕种自己以及子女的土地，还可以为子女照看小孩，从而形成当前普遍的"留守老人"和"留守儿童"现象。这种分工模式的代价是子女和父母的分离产生了一系列的社会问题。但是在农民工的收入不足以支撑全家的城市化生活以及国家的相应社会保障制度未能建立起来的前提下，这种家庭的分工模式却可以实现家庭收入增加和降低市场风险的双重目的。在农民看来，外出打工是挣钱，耕种土地是保底，在分身无术的条件下，家庭成员的分工能实现二者的结合。

因此，当前中西部农村的家庭呈现一种所谓"不分家式的分家"的特征。在主流观点看来，随着社会的现代化进程，传统的主干家庭和联合家庭将逐渐向核心家庭过渡。改革开放以来，中国农村亦呈现核心家庭化的趋势，传统的大家庭逐渐解体。除了婆媳、妯娌、兄弟关系不和等客观原因外，大家庭解体的更主要原因在于年轻一代家庭成员对独立生活空间的向往。正是通过分家，原本在大家庭内部的分工体制瓦解，小家庭成为经济活动和生活的基本单位。然而，在大量青壮年劳动力离开村庄的社会背景下，实现生活独立的目标已经不需要通过分家来实现，在常年打工的条件下，年轻一代已经在外面具有了独立的经济来源以及独立的生活空间。相反，由于仍然要依靠父母耕种土地、照顾孩子等，外出打工者反而不愿意和父母分家。从当前中国农村家庭的发展趋势上看，农村家庭不仅没有呈现明显的核心家庭化趋势，反而呈现一股"逆核心家庭化"的潮流。为了应对中国当前特有的经济与制度环境，农民利用传统的代际关系和家庭形态形成了一种更有效的分工合作体系，使得家庭成员能够根据自身的劳动力特点扬长避短，最终实现家庭福利的最大化①。

---

① 在调研中发现，正因为这种互相的依赖，当前农村家庭中婆媳关系、代际关系反而呈现良好的发展趋势，虽远不如在同一屋檐下生活关系那么紧密但也没有太多的矛盾。

第一章 理想与现实：土地与村社共同体的维系机制

湖北 X 区农民张传山，35 岁，夫妻长年在深圳打工，兄弟三人，大哥和三弟分别在广州和武汉打工。父母在家务农，帮助他们照看读小学的小孩。在家庭的开支上，兄弟三人定期给父母寄钱，以用于孩子的生活费和老人的开支。家里的土地全部由父母耕种。一般只有春节时，三兄弟才回村和老人团聚[①]。

尽管随着子女成家，其和父母的家庭已经成为国家户籍制度管理上的两户，但是父母家庭和子女家庭在村庄内的经济收支和生活空间并没有完全独立，仍然是一个"会计单位"。农民口中所谓"不分家式的分家"就是指这种表面上分家但实质上并没有分家的现象。在这个意义上，依托家庭内部的关系，外出务工农民尽管离开了土地，但仍然可以通过代际的关联与土地发生间接性的关系。如果以核心家庭为单位估算当前农村脱离土地的家庭，那么由此所得的数据显然不符合农村的实际。在家庭的分工体系中，农民的一只脚踏入了外部市场经济，另一只脚仍然为土地所牵绊，前者为家庭提供发展的出路，后者为其提供返乡的退路，以降低外部市场的风险。同时，由于父母在家耕种土地，土地仍然是家庭收入的一部分，他们仍然会关心土地的生产。通过定期性的回家，年轻一代的农民从父母那里得知村社的各种消息，关心村庄的建设。

一旦父母年老而无法耕种土地或者去世，外出务工的农民就只能将土地流转，但是这种流转在中西部农业型地区具有非正式性、非市场化特征。首先，流转的对象一般会局限在传统的血缘和地缘关系之内，尤其是兄弟、亲戚以及邻居之间的土地流转较为频繁。因为土地的流转双方有着较强的血缘、地缘关系，这种高强度的紧密关系使得流出土地的一方获得一种没有失去土地的安全感。其次，在流转方式上，双方一般不以货币为中介，而是

---

① 2012 年 5 月 5 日湖北 X 区 LG 村张某访谈资料。

由流入方提供给流出方一定量的粮食实物。至于支付实物的数量则取决于双方的约谈和关系，并不稳定，甚至经常有流入方免费种植土地的现象。最后，在流转程序上也往往十分简单，大都是"口头协议"。尽管缺乏白纸黑字的书面契约，但由于熟人社会中人情、面子以及舆论的存在，农民之间的这种口头协议也足以保障双方遵守约定。而且，相比于正式契约，这种口头约定具有较强的灵活性，外出务工的农民随时可以因为返乡而通过与流入方的协商而要回土地。总之，尽管已经溢出了大家庭的范围，农民之间这种代耕代种式的土地流转仍然不具有市场交易的特征，土地流转遵循的是家庭内部的行为原则和方式。

虽然从经济收入的角度来看，通过土地的市场化流转，流出土地的务工农民可以增加部分现金收入，但是在土地流转费用有限的前提下，务工农民更重要的考量是如何降低自身在外部社会中的生存风险[①]。也就说是，在当前的经济结构下，农民所追求的并非货币收入的最大化，而是生存风险的最小化。在这个意义上，市场力量并没有成为支配土地流转的法则，土地依然是村社共同体中的一部分。

（二）"兼业结构"与土地的非效率使用

从数量和比例上看，第二种类型的"半工半耕"的农民构成了当前中西部农村农民的主要类型。与第一类农民相比，他们与土

---

① 调研发现，务工农民对将来是否返乡、是否继续耕种土地的态度存在着明显的代际差异。本书所描述的务工农民多数在40岁以上，且他们在城市的工作并不稳定，以致缺乏长远发展的预期。在访谈中，这样的群体表现出明显的返乡意愿，一般都认为在"干不动"的时候会重新回家种田。而20~30岁的新一代农民工则较少有这方面的考虑。事实上，他们正处在劳动力具有优势的年龄，完全有能力在城市打拼，当然就不可能具有回乡种植土地的想法。从未来的发展趋势上看，新一代农民工能否被真正吸纳进城市社会取决于中国城市化的战略。如果中国的经济继续发展并顺利实现产业结构的升级，新一代农民工能实现稳定的就业，他们自然不需要返乡；而如果中国的产业仍然长期在低利润和低福利上徘徊，且处在高度的风险中，当新一代农民工步入中年的时候，他们的想法是否会改变则值得关注。

地的关系更加直接与密切,土地在其生活中扮演着更重要的角色。

所谓"半工半耕"的结构是指农民家庭收入具有务工和务农两笔收入,农民家庭同时从事着"农民"和"工人"两种职业。一般而言,农民家庭的兼业通过两种方式来实现,一种是通过家庭成员的分工,比如丈夫务工,妻子务农。另一种则是家庭成员通过对时间的有效调配同时从事务农和务工。但与外出务工的农民不同,这种类型农民的务工大都在本地进行。正是空间上的没有远离才使得务工和务农同时实现,并能保持家庭生活的完整性。在年龄上,这种农民一般都在40岁以上。从当前农村的现实来看,由于这部分农民的主要生活场所是村庄,他们构成了当前村庄治理的主要力量。

对于这部分农民而言,耕种有限面积的土地已经无法维持家庭劳动力的再生产,提升家庭生活水平,他们迫切需要从第二、第三产业中获得收入。但由于年龄相对偏大,且处在"上有老、下有小"的人生阶段,他们无法如年轻人一样自由地进入大中城市打工,而只能在家乡附近的县城或者市区打些"临工"(或者通过非正式的方式流转部分土地,成为笔者后面将要分析的"中农")。只有这样,才可以既不耽误土地耕种,又可以获取非农收入。农民"半工半耕"的实现与务工产业和当前农业的两个特征相关。

其一,农民务工的产业所提供的就业岗位必须要具有临时性和非正式性的特征。现代社会中的大部分职业对于工作人员的工作时间都有相对严格的规定,以周为单位的工作和休息节奏完全不同于农业社会的生产和生活节奏。对于农民而言,其家乡所在的地级市或者县城存在这样的工作机会,比如保安以及城市街道的环卫工人等,但是,一旦从事这样的职业,农民则往往要全职工作。在薪酬不高且远离村庄的前提下,农民便不愿意以彻底放弃土地耕种为代价而从事这种工作。相反,有一些时间相对灵活,并且以天为单位计算报酬的工作,便能得到农民的格外青睐。最近20多年来,城镇地区的大规模基础设施建设和房地产产业的发展为农民提供了这样的就业机会。相比于其他行业,建筑工地既需要高度专业化、职业化的工人和工程师,更需要招募大量的临时性劳动力。尤其是在当前城市中大小工程遍地开花的背景下,农民随时可以在不同的工地上找到活干。

在调研中我们发现,在当前农村,"兼业"农民的务工收入一般都是来自建筑行业,从最低端的工种,如搬砖、和泥之类的零活,到具有一定技术含量的工种,如砌砖、粉刷、木工等,再到做一些小工程的包工头,等等。不仅男性劳动力参与务工,女性劳动力甚至年龄偏大的女性劳动力也可以在城市中找到适合自己的工作,比如草坪的绿化、树木的种植等。对于农民来说,因为只是做些零工且时间灵活,农民能够根据农业生产和家庭情况自主地安排外出务工时间。一般情况下,农民在农忙时节回家耕种,在农闲时节出门打工,并在打工的间隙利用各种零碎的时间完成农业的日常性管理。

其二,从农业的角度来看,以农业机械为代表的"绿色革命"已经广泛进入农业生产的各个领域,农民从事土地耕种的辛劳程度不仅大大降低,而且节省了大量的时间,从而使得农民的"兼业"成为可能。不同于传统小农的耕作习惯,当下的农业生产已经得到了农业机械和农业科技的技术支撑。以江苏S县为例,该县位于苏北平原,当地生产的"S县大米"是江苏省著名的农业产业品牌。改革开放以来,尤其是最近10年来,当地在水稻的种植上基本实现了农业机械化或者半机械化。表1-2呈现了当地三个时间段农业生产主要环节完成方式的对比。

表1-2 S县农业耕作方式

生产环节	1995年左右	2005年左右	2015年左右
育秧	农民自己育秧	农民自己育秧	市场化育秧
播种	人工抛秧	人工抛秧、人工撒播	机械化插秧
耕田	人工配合牛耕,少量拖拉机,每天耕田2~3亩	小型拖拉机,每天耕田4~5亩	大型农业拖拉机、旋耕机,每天平均耕田40~50亩

续表

生产环节	1995年左右	2005年左右	2015年左右
打药	人工	人工	人工
施肥	人工	人工	人工
收割、脱粒	人工收割、小型电动打谷机脱粒。平均每天可以完成0.5亩	小型收割机（收割和脱粒一体化完成）。每天可以完成40～50亩	大型联合收割机。每天可以完成300～500亩
秸秆处置	储藏或者焚烧	储藏或者焚烧	机械化运作、秸秆还田

由于农业机械的大范围使用，农民不再被束缚在土地上，务工时间有了一定的保障。而在务工的同时，农民仍然得以顺利地完成农业生产。正是由于务工和务农的同时进行成为可能，农民的家庭收入实现了最大化。

从结果上看，这种兼业结构使得农民在保持两份收入的同时，也产生了一系列负面效应。农民既"务工"又"务农"，这意味着农民既非工人又非纯正的农民。就务工而言，由于在城镇中从事的是临时性的、非正式的工种，企业不会给农民提供相应的社会保险和社会保障，甚至工资标准都低于正式工人的工资标准，一种恶性的用工制度得以产生。面对这种境遇，农民之所以愿意工作，一是因为他们仍然保留着农民的身份认同，城乡户籍管理的二元结构抑制了其同工同酬的想法与诉求；二是因为他们并不以务工收入作为全部收入的来源，有土地的收入作为保底。于是，城市中这种不能充分保障农民工利益的用工制度很难被打破，农民工的合法权利无法得到保护。

就务农而言，由于土地并非家庭收入的主要来源，尤其在土地有限的情况下，即使增加劳动力和资本的投入，土地产生的利润也极其有限，这就使得农民缺乏进行农业投资以及农产品品种改良的动力。从农业发展的角度来看，兼业结构下的土地功能是以保障小农家庭的生存安全为主，这种农业难以实现向以市场为导向和以利润为追求的农业经营模式的转型。只有实现土地从农民手中向新型经营主体手中的流转，农业效率的提升和资本化经营才能实现，为此，国家不断鼓励并推动土地的流转。但是问题在于，在当前这种兼业结构下，农民追求的并非土地效率的最大化，而是家庭福利的最大化。一旦土地流转出去，农民家庭的完整性就遭到破坏，土地的市场化流转便遭遇农民基于生活逻辑的抵抗①。

因此，改革开放以来，务工机会的出现增加了农民的收入，却没有将农民彻底驱赶出土地。"半耕半工"的兼业结构使得土地依旧在村社内部被经营，作为劳动力的农民并没有被彻底卷入外部资本化的生产体系之中，而仍能保持自身生活的传统节奏。

（三）交易成本与自我剥削：抑制市场的双重力量

以上从农民的角度分析了土地未能实现市场化流动的原因，以下从流入方的角度分析土地市场化流转的困境。事实上，不仅中西部农村地区的农民缺少流转土地的动力，作为市场主体的流入方也常常缺乏流转土地的愿望。在土地家庭经营的条件下，欲流入土地的市场主体面临着一系列的制度性约束和障碍。

首先，市场主体完成土地流转的交易成本过高。对于市场主体而言，经营土地的根本目的是获取产业利润，而在农业产值较低的市场条件下，以资本为代表的市场力量必须具有适度规模的土地才能实现规模效应。然而，在中国农村"人均不到一亩、户均不超过十亩"的土地占有格局下，欲实现规模经营，资本必须与分散的众多小农打交道。更为重要的是，由于市场主体经营农业一般采取机械化作业，要求土地要实现连片经营，以降低机械作业的生产成本。问题在于，在农户分化且利益并不一致的条件下，怎么能保证每一个农户都愿意流转土地呢？

---

① 尽管土地的流转存在租金收入，但是由于资本仍然要通过土地经营赚取利润，在土地产出不能明显提升的条件下，土地流转租金必然要略低于农民实际经营土地的收入。而且，如上所述，农民经营土地的目的并非增加收入，而是要保底。在这方面，土地的实物产出远比承受通货膨胀压力的货币租金更有保障。

第一章 理想与现实：土地与村社共同体的维系机制

安徽 F 县 P 镇 XT 村某村民小组共有土地 192 亩，一共是 200 多块地块，且大都地势低洼、大小不一、耕种条件差。在土地整理后，原来土地的细碎化格局被整理为 36 块大块土地，其中地块面积 10~12 亩的占 1/3，5~8 亩的占 1/3，3~5 亩的占 1/3。在土地耕种的条件改善后，有大型农业公司进入该村，欲流转该组的全部土地。但是，该村村民李某和其父亲却不愿意流转。他们耕种的 2.2 亩土地恰好处在该公司欲流转土地的核心地带，这使得其打造一个"田成块、路相连、渠相通、适应机械化耕种"的现代农田格局大受影响。在资本自身无能为力的条件下，镇村干部力图通过做工作说服李家参与土地流转。李某与安徽电视台一个民生节目联系，反映土地流转中地方干部违背农民意愿的事情。很快，省电视台播放了这起事件，市政府遂要求该镇政府和村委会就此事件做出说明。在协商中，乡镇政府答应从其他地块调出相等面积的土地给李家耕种，但李家坚持要求耕种原来的承包土地地块。由于事情被公共舆论关注，至今仍在僵持中[①]。

这个事件反映了土地规模化流转中的一般逻辑，即单纯依靠资本和市场的力量很难形成一定规模的土地连片经营。正因为此，一旦缺少了地方政府和村委会的支持，农业资本一般不会进入村社中经营土地。即使进入村社，一般也是以小规模的土地经营为主，且主要经营经济作物。只有这样，资本才可以避免土地流转中的高昂交易成本。

其次，市场主体经营农业的成本过高，缺少与小农家庭经营的竞争能力。从全国来看，真正基于市场力量流转的土地一般发生在江浙、广东等发达地区，当地一般以种植瓜果、蔬菜、花卉等市场价值较高的农作物为主。相比粮食作物，经济作物附加值

[①] 2013 年 11 月 20 日~12 月 1 日对安徽 F 县 P 镇 XT 村李某、P 镇镇政府工作人员邓某的访谈资料整理。

较高,只需经营一定的面积就可以获取利润。由此,土地流转的交易成本大大降低,土地流转的市场更加容易形成。但是,即使在发达的农村地区,资本也没有大规模地进入农业种植领域,土地的大规模流转也没有发生。

浙江 J 县 YZ 镇是著名的黄桃种植之乡。由于农村较早进行了农作物的产业结构调整,2013 年,农民人均收入接近 2 万元。但是农业经济的发达并没有导致村庄土地的大量流转,农民的黄桃种植仍然普遍采取家庭经营的方式。2013 年,由于看好黄桃的市场前景,长期在外做生意的 NL 村村民薛某回村以每亩 750 元的价格流转土地 100 亩左右。相比粮食作物,黄桃从栽种、剪枝到摘果都需要高密度的劳动力投入。薛某经营的 100 亩左右桃园除去雇用 10 名左右的长期农业工人,还要在采摘等农忙环节雇用 20~30 名的临时工。在经营了两年后,他发现,一方面,黄桃的产量低,平均每亩比农民家庭种植的产量低 500~1000 斤;另一方面,黄桃各种生产资料和劳动力成本较高。如果农民家庭种植,一亩黄桃的毛利润在 1.5 万元左右,而薛某的成本已经接近这个数额。2014 年,他着手以果园为基础打造乡村旅游项目,退出种植环节[①]。

在 J 县,农业资本很少介入种植环节,而更多地进入销售环节或者农产品的深加工领域。他们一般只是从农民手中收购黄桃,之后或者利用自己的销售渠道获取产品流通环节的增值,或者通过对黄桃进行加工以获取农产品的附加值。对于瓜果蔬菜等经济类作物而言,其生产的各个环节,比如灌溉、修枝、剪枝、采摘等都需要密集又大量的劳动力投入。在土地家庭经营的条件下,由于种植面积有限,农民自己家庭劳动力的投入就可以完成从种植到销售的所有过程。为了完成某个生产环节,农民可以起早贪

[①] 2014 年 7 月 10 日浙江 J 县 YZ 镇 NL 村对薛某的访谈整理。

第一章　理想与现实：土地与村社共同体的维系机制

图1-5　J县远近闻名的黄桃

黑，不辞辛苦。而如果由资本经营，所有的劳动力投入都将纳入成本的核算，这极大地抬高了农产品生产成本。而且，农业生产因空间上的分散，资本无法对劳动者进行有效的监督，雇工的劳动质量根本无法和家庭经营条件下小农的精耕细作相比。关于资本经营农业的失败原因，本书后文还会详细论述。对于农民这种以不计成本的劳动力投入来维持土地产出的最大化，而又没有将自身的劳动力投入算作成本的现象，恰亚诺夫称为农民的"自我剥削"。尽管从成本收益的角度来说，农民的这种生产投入是不划算的，但是在农民具有充分劳动力供给的条件下，这种"自我剥削"的代价顶多是农民身体的辛劳。通过农民的"自我剥削"，农副产品虽然在科技含量上无法提升，但是却具有了"量大价廉"的竞争优势。

因此，即使是在以经济作物种植为主的发达地区，传统小农生产方式的顽强性依然成为土地规模流转的结构性限制。尽管发达地区的土地流转比例远高于中西部农村，但是土地市场化流转的速度和规模仍然远低于当地人口非农化转移的速度和规模。对于农产品产量和市场竞争力的忧虑在一定程度上抑制了资本进行土地流转的冲动，土地得以继续大量地保留在农民手中。

不可否认，随着农村人口大量转移，中国农村的土地流转已经大规模发生，市场力量已经进入村社并成为消解共同体的力量。但是，从程度上看，市场力量还没有彻底瓦解村社共同体，村社内部的自我防御和修复力量成为抵抗市场的最后一道防线。如果说土地的耕种是维系村社共同体的重要机制的话，那么底线共同体维系的最后一道防线就在于土地没有完全流出村庄。即使是在人口已经大量流出村社的社会条件下，不同阶层的农民仍然和土地发生着直接或者间接的关联。一种"底线式共同体"的存在维系了村庄内的基本秩序，构成了当前基层治理的常态。即将论述出现的土地的规模流转正是在这个基础上发生的。

第二章　土地流转发生中的权力实践：中央与地方

从土地改革时形成的农民土地私有制到人民公社时期的"三级所有、队为基础"的集体所有制，再到"统分结合的家庭联产承包责任制"，中国土地制度经过多次变迁，但土地制度所蕴含的反资本化、反市场化的特征一直存在。因此，改革开放以来，外部市场经济的兴起虽然弱化了村社共同体的内聚力，但是并没有导致农民彻底离开村庄，农民仍然和土地发生关联，二者形成一种藕断丝连的状态。然而，随着土地规模流转的兴起，一种区别于市场力量而且更加强大的行政力量开始成为土地流转的主导因素，农民与土地的关系被彻底中断。

本章从国家政策导向和地方治理两个维度分析土地规模流转的发生机制。从国家层面来看，20世纪80年代以来，不断出台的中央农地政策产生了累积性的效应，为土地规模流转的发生提供了可能；在地方治理中，由于土地流转关系到地方政府的治理绩效，权力成为推动土地规模流转的直接动力。在国家和地方治理共同的权力实践下，土地规模流转正在全国农村盛行，村社共同体开始瓦解。

一　土地规模流转发生的基本条件

农地政策的效率追求、土地产权形态的分化以及土地空间形态的改变是土地规模流转发生的宏观背景和基本条件，而这三项条件的具备正是来自中央农地政策的出台和执行。

（一）农地政策的效率追求：从承包经营权稳定到经营权流转

在计划经济时期，由于产品的定价权在国家手中，国家便利用工农业产品价格的"剪刀差"，从农业中汲取了大量的剩余用于重工业的发展。改革开放以来，面对历史因素造成的农业滞后和农民贫困，中央高度重视农村改革，力图通过农村生产关系的变革释放和推动农村生产力的发展。在其中，作为农村最重要的生产资料——土地，如何提升农地的生产效率、增加农民收入构成了这场农村改革的核心。这个过程中，从强调承包经营权的稳定，到强调推动承包经营权的流转，国家农地政策的重心和表述虽然发生了变化，但都服从于农业发展这一基本目标。

在人民公社体制下，农民的劳动投入与收益不具有直接对应关系，这使得农民缺少生产的积极性和主动性。发端于安徽凤阳小岗生产队的"分田单干"开启了中国农村改革的大门，"交足国家的，留足集体的，剩下都是自己的"的土地经营形式极大地激发了农民的生产积极性，从而大幅度地提升了土地的生产效率。从1982年至1986年中央连续五年发布以农业、农村和农民为主题的一号文件，赋予家庭联产承包责任制以合法地位，并做出稳定农村土地承包关系的政策承诺。为了保障农民的土地承包权，国家不断地延长土地承包权期限。在一轮承包期临近到期之日，1993年中共中央、国务院出台的《关于当前农业和农村经济发展的若干政策措施》规定在原有15年承包期到期后再延长30年不变；2002年，《中华人民共和国土地承包法》出台，土地承包关系成为受到法律保护的关系；2007年，《中华人民共和国物权法》出台，农村土地的承包权利被界定为物权，这从法律上杜绝了村社集体调整、收回农民土地承包权的可能。在法律和中央政策不断出台的累加效应下，农民的土地承包经营权得到强有力的保护，土地承包经营权成为土地所有权之外一种重要的基础性权利。

然而，在20世纪80年代末90年代初期，家庭联产承包责任制的制度激励效应已经释放完毕，农民普遍陷入"增产不增收"的困境。当农业生产重新恢复到以家庭为单位的经营形态时，土地生产效率的提升只是相对于人民公社体制下的土地经营方式而言，仅仅依靠农民家庭式的农业生产，生产效率的进一步提升仍然面临着诸多瓶颈。小农不仅缺乏足够的农业资金和农业科技，且在日益复杂的市场经济中不掌握相应的市场信息，他们始终在市场经济中处在较为被动的地位。在这种情况下，要想实现农业的发展和土地效率的提升一般有两种方式：一是将小农组织起来，通过成立农民合作社或者相应协会等组织来克服单个家庭在经营农业上的弊端；二是改变农业的经营主体，即实现土地从传统小农向各种新型农业经营主体的转移。相比于传统小农，新型农业经营主体具有资金、科技和管理等方面的优势，且生产直接面向市场，从而能更有效率地利用土地。事实上，两种方式代表了不同国家和地区的农业发展道路，前者如日本、韩国、中国台湾地区等，后者如美国、加拿大等。

20世纪90年代以来，随着中国经济的崛起，劳动力逐渐成为一种重要的生产要素，而农民则是劳动力供给的主要来源。对于劳动密集型的产业而言，其需要源源不断且相对廉价的劳动力供给，如此才具有在国际竞争中的低成本优势。城乡二元结构下庞大的农民群体正好满足了该经济结构对劳动力的特殊需要。与此同时，随着"分税制"改革的实行，财政捉襟见肘的地方政府开始通过向农民多收费的方法来渡过难关（李芝兰、吴理财，2005），从而加剧了农民的负担。在传统的农业地区，"三农问题"日益严峻，农业的发展受到严重影响。于是，国家一方面需要农村仍然不断地为工业化提供劳动力，另一方面又要实现作为国民经济基础行业的农业的可持续发展。在这种背景下，推动土地从农民手中向新型农业经营主体手中的流转而非将农民组织起来才能实现国家的双重目标。

事实上，中央早在1984年的一号文件中就规定：在家庭承包经营的15年内，鼓励耕地向种田能手集中。中央在1986年的一号

土地流转与乡村秩序再造

文件中进一步明确：随着农民向非农产业的转移，鼓励耕地向种田能手集中，发展适度规模的种植专业户。可见，尽管在改革之初小农家庭农业生产的恢复具有重要的历史功能，但中央并没有将其当作未来中国农业发展的方向。只是因为缺少非农就业的机会，土地从小农家庭手中流向新型经营主体手中进而形成适度规模经营的社会条件还不具备[①]。随着打工经济日益发达，非农就业机会导致越来越多的农民离开了土地，土地流转才开始日益增多。2008年，中共十七届三中全会将土地流转上升到重要的战略地位，提出健全土地承包经营权流转市场，允许农民以转包、出租、互换、转让、股份合作等形式流转土地承包经营权，发展多种形式的适度规模经营。有条件的地方可以发展专业大户、家庭农场、农民专业合作社等规模经营主体。2013年，中央一号文件提出鼓励和支持承包土地向专业大户、家庭农场、农民专业合作社流转。紧接着，在同年召开的党的十八届三中全会上，中央出台《关于全面深化改革若干重大问题的决定》，提出要加快构建新型农业经营体系，鼓励承包经营权在公开市场上向专业大户、家庭农场、农民合作社、农业企业流转，发展多种形式规模经营。至此，推动土地的流转、加快新型农业经营主体的构建已经成为中央农业政策的重要内容和基本目标。

梳理20世纪80年代以来中央农业和农地的政策可以看出，其表述重心先后经历了从稳定农民的土地承包经营权到推动土地承包经营权流转的变迁。表面上看，二者构成了农业政策的不同内容，但二者遵循的是同一种逻辑，即无论是稳定农民的承包权还是推动承包经营权的流转，都是服务于农业生产效率提高这一目标。如果说改革初期农地效率的提升是建立在对农民承包权的保

[①] 20世纪90年代以来，全国不少地区产生了一种规模经营，就是所谓的"反租到包""两田制"等土地经营形式，即村委会将农田分为"承包田"和"口粮田"，然后从农民手中租用承包田，进而以集体的名义进行整体发包。但是这种规模经营主要是由村委会所主导，因存在侵犯农民承包经营权的可能而被中央所禁止。

护基础之上，那么当下农地效率的提升则建立在农地承包经营权流转的基础之上。在中央看来，由于农地利用效率的提升带来"蛋糕的做大"，农民虽然不再耕种土地，但仍然能实现收入的增加。在这个意义上，土地流转体现了改革开放以来国家对提升农地利用效率、增加农民收入的持久追求，土地流转以及土地适度规模流转的政策倡导正是国家农业政策发展逻辑的必然结果。

然而，在土地流转发生之前，仍然有一个基本的法理问题需要解决。如上所言，在农业政策的表述中，一是强调对农民承包权的保护和稳定，二是逐渐凸显对土地承包经营权流转的倡导。二者在根本目标上虽不矛盾，但是"稳定"和"流转"在话语上却存在张力。在一个统一的农业政策体系下，既要体现对农民承包经营权的继续保护，又要实质上推动土地承包经营权的流转，农地的权利形态必须要进行重新建构与分化。

（二）三权分置：土地权利形态的被改造

如果土地流转发生，土地流出方与流入方的土地权利需求无法满足。首先，作为农民的重要生活生产资料，土地的重要性仍然不可小觑，且长期以来在对农民土地承包权保护的法律、政策话语体系下，土地流转不应该是农民土地承包权的流转。作为一种基于集体成员身份而获得的保障性权利，土地的承包权不能轻易地失去，土地的流转必须建立在农民仍然拥有承包权的基础之上。此外，由于土地的集体所有，土地流转更不可能是土地所有权的流转。

其次，为了实现土地的长期稳定经营，流入土地的市场主体也需要新的土地权利配置。从农业经营的现实来看，规模经营者要获取产业利润就必须要具有一定的经营年限。一般而言，规模经营者为了降低劳动力的成本，往往拥有较大型的农业机械和农业基础设施。这些固定资产的投资往往要若干年后才能收回。比如安徽 F 县 P 镇的谷某 2009 年流转了 1061 亩的土地，其中农业机械和农业基础设施建设投资约 150 多万元。除此之外，还要每年支付

47

农民每亩500~600元的租金。在扣除购买化肥、农药，支付雇工工资等日常开支后，在最理想的条件下，一亩水稻产值利润在300~500元，在理论上3~5年才可以收回固定资产的投资。在他看来，由于长期以来土壤缺乏改良、农业管理缺乏经验，加之整治后土壤层的破坏等因素，土地耕种的前5年根本无法盈利。只有在5年后随着土质的改良和经营者农业管理经验的积累，土地的产出才有可能恢复常态，因此，其流转土地的年限至少在10年以上才能保障利润。在流转年限上，镇政府最初的设置为5年，在欲流入土地的承包大户普遍要求下，最后镇政府将流转年限初步延长到7年，但仍然满足不了谷某等土地规模经营者的要求。

调研发现，在较早推行土地规模流转的地区，由于缺少其他地区的经验参照，地方政府的行为相对谨慎，以致在土地流转年限上相对保守。随着土地规模流转现象的日益增多，以及农业效益低下等问题的显现，地方政府必须保障足够长的土地流转年限才能吸引资本的到来。为此，在很多地方，土地流转年限一般是延长到农村土地二轮承包到期之日，即2028年。在法律上，二轮承包的年限构成了对土地流转年限的限制，流入土地的资本无法获得更长的经营年限。但是，在地方政府和资本主导的土地流转合同中，他们一般都要在内容中特别注明：在合同到期之后，流入方在同等条件下享有继续流转土地的优先权。因此，如果经营顺利，即使2028年之后，现有资本和大户经营土地的格局将继续延续。对于如此长时间经营土地的资本而言，他们迫切需要法律赋予其在土地经营上相应的权利形态，以保障自身利益。

2014年中央一号文件出台，提出在落实农村土地集体所有权的基础上，稳定农户承包权、放活土地经营权。经营权在国家政策层面的出现意味着原有土地的承包经营权正式分化为承包权和经营权两种权利，而这两种权利正好为土地流转的双方分别享有。一方面，农民仍然享有土地的承包权。土地流转并不改变农民享有土地承包权的事实，这不仅可以让农民吃下"定心丸"，而且保障了农民依据承包权而衍生的土地流转利益；另一方面流入土地

第二章　土地流转发生中的权力实践：中央与地方

的一方享有土地的经营权。作为直接经营土地的权利，土地流入方的土地经营权得到了国家明确的法律保障。在地方实践中，一些地方政府开展为土地经营权确权颁证的工作，更是极大地稳定了土地流入方经营土地的信心。

至此，相比于其他国家的土地制度，一种极为特殊的中国土地"三权分置"的权利构造得以形成。在土地集体所有制的所有权结构下，为了解决农民的生产自主性和积极性，国家建构并不断充实农民的土地承包权，以致在农地使用领域土地的所有权事实上被虚化。如今从承包权里再次分离出经营权，则是为了推动土地的流转。农民依据承包权享有土地的租金，但却不再是农业生产与经营的主体。这正符合了国家推动农业转型、大力培育新型农业经营主体的政策目标。正如以下所言，"实行集体所有权、农户承包权和土地经营权'三权分置'，是对农村土地产权的丰富和细分，新的制度安排坚持了农村土地集体所有，强化了对农户土地承包权的保护，顺应了土地要素合理流转、提升农业经营规模效益和竞争力的需要。可以说，三权分置创新了农村土地集体所有制的有效实现形式，在中国特色农村土地制度演进史上翻开了新的一页"（韩长赋，2015）。

不仅如此，在获取正式的土地经营权后，附着在土地经营权之上的其他权利也随之而来。为了增加农业发展的资金，引导资金进入农业领域，国家逐步进行农地经营权抵押的试点改革。2014年中央一号文件提出稳步推进土地经营权抵押、担保试点的政策主张；2015年，全国人大常委会审议通过《关于授权国务院在北京大兴区等232个试点县（市、区）、天津市蓟县等59个试点县（市、区）行政区域分别暂时调整实施有关法律规定的决定（草案）》，决定暂时调整实施《物权法》《担保法》中关于集体所有的耕地使用权不得抵押的规定，允许以农村承包土地（耕地）的经营权抵押贷款；2016年3月24日，中国人民银行联合多部门正式发布《农民住房财产权抵押贷款试点暂行办法》和《农村承包土地的经营权抵押贷款试点暂行办法》两份重磅文件，进一步为农地的抵押提供了可操作的方案。从现实来看，农地的抵押仍然面临着诸多障碍，但是土地经营权的抵押和融资功能已经具备了法律上的可能性。因此，土地经营权的出现不仅保障了经营者的权利，还具有了扩大再生产的现实作用，由此将进一步提升新型农业经营主体流转土地的积极性，土地的规模流转将继续发生。

"三权分置"的土地产权形态厘清了土地所有者、土地承包者和土地经营者三者的权利边界，尤其是对后两者而言，其发挥了协调、平衡利益关系的重要功能。正是由于土地权利形态的重新建构与分化，土地规模流转的法律条件已经具备。

（三）水土再造：土地空间形态的改变

为了改善农业生态、提高农地的质量，近年来国家高度重视土地整治工作。根据《全国土地整治规划（2011—2015年）》，"十二五"期间，我国将投入约6000亿元的资金用于完成4亿亩旱涝保收高标准基本农田建设任务[1]。就农地整治而言，其一般是指根据地形、面积和空间结构等特点将项目区划分成若干土地平整单元，利用机械对原来的高低不同、形状不规则等地块进行土地平整，达到水路相通、连片经营的耕种效果。从国家意图上看，土地整治和土地流转是不同的事项，两者不存在直接的对应或者共生关系。在国家的管理体制中，前者属于国土资源部门的管辖事项，后者为农业部门的管辖事项。但是，从现实来看，国土部门推动并实施的农地整治为农地规模流转的发生创造了条件，起到了重要的配合作用。

首先，在土地平整以后，土地在地理形态上被改造成为一个整体，为大型农业机械的使用创造了条件。在以小农为主体的村社中，土地的空间形态与分散的小农相适应，呈现不规则、杂乱的特征。而且，从全国农村尤其是丘陵和山区农村的实际情况来

---

[1] 《国土资源部关于发布实施〈全国土地整治规划〉的通知》，《国土资源通讯》2012年第13期。

第二章 土地流转发生中的权力实践：中央与地方

看，在分田单干时，由于每一块土地的质量不同，为了公平，很多地区都是将好坏地块搭配分配给农户，这更加剧了土地经营的细碎化问题。在土地分布细碎化的条件下，农田耕种所需要的田间道路、水渠等设施不能相应跟进，严重影响了耕种的便利性。不过，对于小农家庭而言，土地的细碎化分布只是让其多付出了劳动力并增加了辛劳程度，由于具有充足的家庭劳动力供应，土地的不规则和细碎化分布并不会导致农业生产的无法进行；但对于规模经营而言，如果土地经营建立在这种土地物理形态基础上，农业生产则无法进行，尤其是大型农业机械根本没办法进行作业。比如，尽管大型收割机的效率是小型收割机和人工的几倍乃至几十倍，但是大型收割机需要在相对平坦的土地上进行作业。这种不规则、细碎化的土地形态与现代化的、以资本为主导的规模经营是不兼容的，从而极大地影响了外来资本进入农业。在这个意义上，土地整治之后，土地从不规则、细碎的空间形态向整齐、规则的空间形态的转化为资本主导的规模农业生产创造了条件。

其次，在土地平整后，小农土地经营所依附的"小水利"形态被改造，现代化的"大水利"更加适合规模化的土地经营。水利是农业的命脉，农业生产离不开一系列配套的水利设施。在山区、丘陵等农村地区，水塘、堰塘、沟渠虽然凌乱分布且抗自然风险的能力不强，但却是小农家庭农业生产的基础。由于缺少合作能力，农民围绕水利灌溉的合作常常无法达成。在这种条件下，小农水利灌溉的完成主要得益于这些小水利设施的存在[①]。比如，通过购买小水泵、水管，直接从堰塘中抽水等。但是，在土地平

---

① 笔者长期研究农田水利问题，发现当前农民的灌溉基本上可以分为合作用水和个体用水两种模式。所谓合作用水，一般是指农户以集体付费或者集体劳动的方式获取水源，相比较而言，农户合作用水成本更低。但是合作的达成并不容易。在这个过程中，能够让大家普遍获益的合作常常因为使得农户之间获益程度的不一致而最终瓦解。因此，在全国多数地方，农民仍然是以家庭为单位完成灌溉。

整后，泵站、水渠、水系的地理分布都是与平整后的大地块相配套的，为的是实现灌溉和排涝的统一化、标准化作业。因为不符合现代化大农业的整体规划，原本自然形成、农民长久使用的塘堰、沟渠基本被填埋。在土地平整后，假设农民要继续耕种土地，在统一使用大型的公共水利设施的条件下，他们必须要统一支付水费、协调各自的灌溉时间，等等。然而，在农民未被组织起来的条件下，农民之间达成合作面临重重困难，常常有不合作的农民破坏了整体的合作。因此，以一家一户为单位组织的农业生产根本无法与大水利相对接（罗兴佐、贺雪峰，2004），组织起来无望的农民便只能放弃农业生产。在这个意义上，大水利的修建完成之日正是小农生产瓦解之时。

最后，土地平整导致农民土地承包权的"去空间化"，进而极大地降低了土地流转的交易成本。在土地平整后，土地所处的地理环境已经被改变，农民再也无法精确地找到自己的土地。在很多地方都推行一种所谓"确权不确地"的政策，即农民的承包土地只体现在田亩的数量上，而不再体现为空间的具体地块上，农民的土地承包权成为一种抽象的权利。在土地流转的过程中，双方就没必要围绕着地块的质量高低、水源远近等因素进行价格的谈判与博弈。对于欲流入土地的资本而言，其不再需要面对千差万别的土地和小农，这极大地降低了谈判的交易成本。不仅如此，农民承包权的"去空间化"还为资本的连片经营提供了可能。在土地承包权"去空间化"的条件下，由于土地的质量实现了标准化，对于不愿意流转而想继续耕种土地的农民，政府和资本完全可以在其他地方划定地块供其耕种。这样既满足了个别农民耕种土地的愿望，也实现了资本规模化连片经营的目标。

总之，离开了国家的农地整治项目，资本往往难以通过土地流转的方式进入村社。一方面，由于耗资巨大，资本往往没有如此巨大的资金能力进行土地整治；另一方面，因流转年限有限导致投入产出收益不明显，资本亦不敢贸然投入大量资金进行土地形态的大面积改造。安徽F县P镇地处长江中游的丘陵地带，该镇一半村庄位于"圩区",土地细碎化严重。2007年,该镇申请到了第一笔总数为1000万元左右的国土整治专项资金①,用于本镇三个村的农田整治。2007年至2014年,该镇土地整治项目继续实施,涉及项目资金达到3.2亿元,整改面积近10万亩,其中耕地面积4.6万亩,涉及全镇11个村庄②。显然,土地整治所需的巨大资金是一般市场主体所无法承受的。在这个意义上,国家推动的农地整治运动为土地的规模流转创造了条件,从而为资本进入村社打开了大门。

图2-1 江苏S县约万亩良田一隅

二 土地规模流转发生的地方治理逻辑

考虑到农村社会的稳定,中央在对土地流转的倡导中要求土地适度规模流转,不支持、不鼓励工商企业大面积租种农户承包耕地。针对当前资本下乡经营农业的问题,2015年4月,中央农办、国土资源部、农业部和国家工商总局联合印发了《关于工商

---

① 在程序上,国家的土地整治资金并非均匀地分配到全国不同的地区,一般是以申请项目的形式来分配资金,市县两级政府则是申请项目的主体,并负责项目的具体实施。
② 2014年安徽F县P镇政府办公室文件资料。

资本租赁农地监管和风险防范的意见》，对工商资本下乡提出了具体的监管细则。然而，从实践来看，地方政府和基层组织却具有较高的推动土地规模流转的积极性。如果说国家法律和政策变革为土地规模流转的发生提供了制度条件的话，那么当前地方政府和基层组织的推动则是大规模土地流转发生的直接动力。

地方政府和基层组织为什么具有如此高的推动土地规模流转的热情？

（一）农业的资本化与招商引资

实现个人职务的晋升是政府、国有企业等公共部门中组织成员期望收获并追求的直接目标之一。在"压力型"政治体制下（荣敬本，1998），若要获得晋升，下级政府部门的行政长官必须具有足够的业绩，而其业绩在当下主要表现为地方的经济总量和财政收入的增长。为此，省域之间、市域之间、县域之间、乡镇之间围绕着经济发展和招商引资的竞争成为改革开放以来推动中国经济发展的一个重要引擎。一直以来，地方政府的招商引资主要发生在工商业领域，即使有资本进入农业领域，也大都停留在农产品的深加工领域，比如包装、灌装等环节，并未全面进入土地的经营和种植环节。随着国家农业政策的不断出台以及农业发展的新形势，农业的种植、加工等整个产业链条都成为地方政府招商引资的新领域。

为了提升招商引资的数量，地方政府一般都要将引资的任务层层下达，各个部门以及每个重要岗位的工作人员都要承担相应的招商引资量。比如，在湖北江汉平原的D县，2010年县政府明确要求各单位党委书记、乡（镇）长，每人必须引进一个投资额在1000万元以上、落地资金在500万元的项目；在湖北X区，一个乡镇副职干部每年招商引资的量也在200万元左右。为了完成任务，很多地方政府倡导"二分之一工作法"，即每一个政府工作人员都是一半时间做本职工作，一半时间去做招商引资工作。为了提高个人从事招商引资的积极性，D县政府对引来资本的工作人员乃至普通村民都会进行奖励，一般按照招商引资规模总量的1%左右比例返还给个人。而如果不能完成任务，对于政府工作人员而言，其不仅不能被提升，正常的福利都要受到影响。在这种压力和激励下，地方政府中的工作人员被彻底动员起来，他们到处联络关系，吸引资本的到来。

近年来，由于城市社会中产业结构的升级，很多落后产业的剩余资本急需找到新的出路。比如面临较大压力的开矿老板、中小房地产的老板等都在寻找新的投资领域。在很多产业面临资本饱和的背景下，农业逐渐成为拉动经济增长和吸引资本到来的新领域。加之国家农业政策的利好，资本更是加快进入农业的步伐。除此之外，之前曾从事农业相关的工作，或者对农业比较熟悉的政府公务人员或者经商人员也力图通过募集资金或者银行贷款的方式进行农业投资，以在普遍被看好的农业产业中"分得一杯羹"。在安徽F县P镇，很多农业资本公司的经营者在进入农业领域前的身份为有一些资金的老板，具体见表2-1。

表2-1 农业公司经营者情况

承包人	流转土地	承包面积	流转时间	流转期限	经营者身份
曹仁洪（产业链）	新林村	2600亩	2008~2016年	8年	农资店、粮食加工厂老板
许小宝	山河村	1100亩	2009~2016年	7年	农机店老板
谷献武（产业链）	山河村	1100亩	2009~2016年	7年	粮食加工厂老板
陈恩林	山河村	730亩	2009~2016年	7年	与农机销售商合伙
杨宗春	新塘村	650亩	2009~2016年	7年	商人
汤中	新塘村	800亩	2009~2016年	7年	外地煤矿老板
鲁金明	新塘村	2000亩	2009~2016年	7年	县种子公司工人

农业产业的发展需要大量的前期资金投入，土地规模流转的发生必然是以资本的到来为前提。根据资本的规模，不同层次的资本得到不同程度的礼遇。在中西部的农业地区，引入一个规模在1000亩左右的农业资本，其所带来的投资量就能完成很多干部

当年的招商引资任务。而如果资本的投资规模超过千万元，其在当地一般都会享受到地方政府所给予的"超国民待遇"。

　　位于湖北X区的CH集团是省、市政府共同打造的一个农业重点公司。该公司是由房地产公司转型而来，企业目标是成为集农业种植、储存、农产品的深加工、农产品销售以及种子研发等为一体的现代化农业股份公司。2010年开始，该公司在湖北X区、S县等地流转土地，到2014年为止，共流转土地近10万亩，其中订单农业土地39.6万亩。为了扶持该企业的发展和壮大，县、乡政府先后成立服务于该企业的专门办公室，由专人负责协调。同时，通过区政府的运作，为其争取上级部门的农业项目资金和优惠贷款。2012年，该企业获得3500万元的无息贷款，以及国土部门分配的2.5万亩土地的平整指标。不仅如此，企业的老总也获得相应的政治荣誉，其先后成为省人大代表和全国人大代表。该企业已经成为该地区乃至全省重要的农业龙头产业化公司。

　　为了打造土地流转和农业产业化的亮点，在区政府的组织下，CH集团以农机入股，农户和村集体以土地入股共同组建了"土地股份合作社"，实现"龙头企业＋合作社＋基地＋农户"的农业新型生产关系。在这种模式下，农民理论上将获得三种收入：一是每亩土地每年500元的租金，并且该租金可以根据粮食价格变动适当上浮；二是农民自由务工收入；三是土地分红收入。相比于其他地区的土地流转，CH集团打造的土地流转模式最明显的特征就是农民能够以土地入股。入股后，农民不仅获得保底的租金，还能分享农业产业化后的分红收益。由此，CH集团所打造的这种土地流转模式成为当地农业治理的重要政绩和经验，这为其获得更多的政策优惠和支持奠定了基础[①]。

---

① 对2012年5月6日湖北X区CH集团部门负责人熊某访谈资料整理。

第二章 土地流转发生中的权力实践：中央与地方

图 2-2 作为当地农业改革的样板，CH 集团经常迎来全国各地的学习者，这是其在万亩良田周边修建的临时停车场

在传统的农业型地区，由于工商业基础薄弱且缺乏便利的交通和资源条件，资本投资工商业的动力不足，其往往只能在农业领域寻找商机。而对于地方政府而言，在土地由小农耕种的条件下，当地农业不仅无法实现发展，也无法产生 GDP 的增量。只有推动土地的流转，改变土地的经营主体，才能推动经济的发展。而且，土地流转的规模越大，资本资金投入也势必增大，由此产生的经济带动效应也更为明显。在这个意义上，急于寻找出路的资本和处在招商引资压力下的地方政府一拍即合，二者各取所需，在权力的直接主导下，土地的规模流转逐渐在农村地区发生了。

（二）土地规模流转与农业的可治理状态

随着工业化和城市化的发展，国家已经有能力实现"以工辅农"，通过源源不断的资金输入、农业技术的研发来改造传统的小农生产模式。从国家治理农业的角度看，作为国家行政官僚组织的末梢，最基层的地方政府承担着与农民直接打交道并将现代化的农业科技、资源输入到农村社会的任务，在农业领域能否完成相应任务或者能否产生重要的治理成效直接关系到地方政府主要领导的政绩。然而，在地方政府治理农业、改造农业的过程中却长期面临着一系列现实障碍，导致农业长期处在一种不可治理的状态。

湖南H县是全国的商品粮生产基地。近年来，随着农民外出务工规模的增大，粮食的播种面积日渐减少，这集中体现为当地双季稻种植规模的日益萎缩。以该县L乡为例，全乡共有土地2.3万亩，其中水田2.2万亩，旱地0.1万亩。然而，该乡双季稻的种植面积只有3000多亩。作为水稻种植的主体，当地农民普遍不愿意种植双季稻，主要原因在于：第一，双季稻对劳动力要求高，特别是在两季水稻交替的"双抢时期"，农民要为此付出大量的、高强度的劳动。一旦种植双季稻，外出务工的农民就要在农忙季节返还家乡参加劳动，这势必影响其务工收入。第二，双季稻谷的收益有限。在当地，单季稻亩产在1200斤左右，由于品种、土壤肥力的限制，双季稻最多只能增产400斤左右。此外，还要多支出很多的化肥、种子和农药的成本。因此，对于小农来说，尽管双季稻增产但增产的量有限，且双季稻的种植影响到了外出务工的机会成本。于是，农民倾向于采取一季水稻和一季小麦轮作的耕种结构。毕竟相比于水稻，小麦的种植相对简单，不会影响其外出务工机会。

然而，对于县政府来说，要保住产粮大县的称号和上级政府的配套和奖励资金，当地必须达到一定规模的粮食种植面积。2010年，H县所在地级市政府将"大力发展双稻面积"写进市委、市政府对各县市区经济考核的方案中，而县政府再将压力又下达到各个乡镇。为了顺利完成种植双季稻的任务，上级对下属单位领导实行"一票否决"，即如果不能完成当年的推广任务，单位主要领导晋升、评优都不再具有资格。按照2013年的任务标准，正科干部当年要实现"单改双"水稻面积500亩，副科干部完成300亩。与地方政府其他"中心

第二章 土地流转发生中的权力实践：中央与地方

工作"运作逻辑相类似，地方政府将"单改双"的行政压力层层转移并分包到人，力图全面完成双季稻推广的任务。

但农业的生产毕竟要建立在农民自主和自愿的基础之上。在农民不愿意种植双季稻的情况下，地方政府的政治动员始终不能有效地作用在农民身上。为了鼓励农民种植双季稻，地方政府还进行资金奖励，按照每亩100元的标准补贴农民。在政府的种种努力下，轰轰烈烈的推广双季稻运动仍只限于影响政府工作人员在农村种植土地的亲属，始终无法动员广大的农民种植双季稻。在某种程度上，当地政府日后推动的土地规模流转正是为了解决双季稻推广的难题①。

在以上的案例中，地方政府的力量无法作用于农民的生产行为，以致政府改造农业的愿望落空。不仅是这种具有明确目标和压力的任务无法完成，在日常的管理中，地方政府也常常无法实现对农业的干预。在现代农业的发展中，农业科技的研发、推广无疑扮演着关键性的角色，农业的现代化首先要实现农业科技的现代化。从部门设置来看，地方政府的农业部门包含农业局、农机局、农技局、水利局、种子公司等多个部门，每一个部门都承担相应的推广农业机械、农业新品种等各种先进农业科技要素的任务。但面对千家万户的分散小农，地方政府要将农业新科技等因素导入其农业生产中却面临巨大的交易成本，很难达到改造传统农业的目标。因此，直到当下，小农的农业生产依旧延续着传统社会中的自发性、盲目性的特征，地方政府的农业新技术、新品种的推广一直效果甚微。

在江苏S县，S县大米是江苏省农业的一个重要品牌。但是，多年来水稻的品种却不统一，甚至不乏已经被证明具有易发病、易倒伏特征的品种仍然被沿用。而且，由于品种的

---

① 2013年5月8~15日湖南H县访谈整理资料。

不统一，后期病虫害防治的用药品种、用药时间就无法统一和协调，这带来了防治效果不佳等诸多问题。一方面，国家的农业科技品种研发不断更新，科技日新月异，另一方面，农民仍然是基于有限的经验选择品种。为了进一步提升农业的品质，县级农业部门力图改变这种状况，号召乡镇农技站加大宣传力度，引导农民及时更新并尽量统一水稻品种。然而，当地乡镇的农技站一般只有两三名工作人员，而全县有近百万的农业人口，期望他们进行每家每户的上门指导是不可能的。一般而言，他们将品种选择的通知张贴在田间地头、村委会等处，让农民尽量都能看到。同时，将各种资料交给村委会，希望它们平时多多宣传。这种推广农业新科技的方式也是全国农村地区普遍采取的方式[①]。

其实，在农业机械的推广、农田水利的建设等诸多领域都面临着类似问题。对于地方政府而言，即使具有改造农业、发展农业的决心，也常常无能为力。造成这种状况的原因有几个。第一，在农民务工的背景下，土地种植对于多数农民而言已经不是收入的主要来源，其农业生产的首要功能是满足自家的消费。在不以市场为导向的生产模式下，农民缺乏农业投资、使用新科技以增加生产能力的积极性。他们要实现的是自己家庭收入和福利的最大化，而非土地产出的最大化。因此，对任何有助于农业发展的信息，农民的反应是迟钝的，甚至不关心。地方政府推行的农业优惠政策、有限的利益刺激以及不断宣传的农业新科技根本不足以对已经不再以农业为主要收入来源的农民产生吸引力。

第二，地方政府无法和高度分散的小农对接，农业的治理缺少一个能够有效作用于农民的"制度抓手"和"中间环节"。在新中国成立之初，国家要从农业中提取剩余以支持重工业的发展，但面对数以亿计的分散农民，根本没有办法从农业中汲取资源。

---

① 2015年10月1~9日江苏省S县访谈整理资料。

第二章 土地流转发生中的权力实践：中央与地方

而只有以合作社或者人民公社的方式实现农民的组织化，国家才具有干预、控制农业和农民的制度化抓手。因此，合作化运动以及随之而来的人民公社运动虽然没有解决农业生产效率提高的问题，但却将分散的农民梳成了"辫子"，国家与小农之间打交道的成本大大降低。改革开放以来，随着家庭联产承包责任制的推行，高度分散、数量庞大，且彼此之间缺少纵向与横向关联的小农生产方式随之恢复。在这种条件下，从品种的选用、田间管理到种植结构安排以及农产品的销售基本上都是以小农家庭为单位进行，要改造农业，必须与一家一户的农户对接，而能力有限的地方政府根本不可能完成这一任务。为此，要实现政府对农业的干预就必须实现农民的组织化，降低双方的沟通成本。在当前的农村，农民的合作组织长期缺失，即使存在农民的专业合作社，也名不副实；作为农村社会最有力的基层组织，村委会承担着更多的行政管理职能，根本无暇进入农业生产过程的管理。地方政府面对的仍然是一盘散沙的农民，农业仍然处在不可治理状态。

因此，地方政府要想实现对农业的有效干预和资源输入就必须改变农业的这种不可治理状态，其中一种直接有效的方式就是推动土地从农民手中向新型农业经营主体手中流转。一旦资本经营农业，其必然追求市场利润，任何增加农业收入的机会都会被其敏锐地捕捉到，而这一点正和地方政府大力发展农业的目标相契合。在推广双季稻的任务没有完成的情况下，湖南 H 县政府放弃依靠散户的思路，而注重发展种田大户和引进工商企业进入农业生产领域。随着土地经营者的更替，为了提升土地产出利润，大户和资本一般都主动进行双季稻的种植。而且，由于农业科技的使用能够降低生产成本，大户和资本自然具有较高的使用积极性。

不仅如此，由于土地的集中，地方政府需要打交道的对象数量就越少，治理成本大幅度下降。为了贯彻自己农业发展的意图，地方政府直接可以和经营者进行沟通。与小农不同，土地流转后新型农业经营者面对的是一个正式的市场环境，其不仅要在工商注册、税收缴纳等各个环节与地方政府打交道，而且在当前国家不断加大对农业各种优惠扶持政策的背景下,其更是需要依靠地方政府的帮助申请各种补贴和贷款。为了维持与地方政府良好的关系,各种新型农业经营主体都具有配合、贯彻地方政府意志的内在动力。土地经营者身份和土地经营活动性质的改变使得地方政府的农业发展目标具备了实现的有效载体。

图 2-3　江苏 S 县农机局奖励给种田大户的拖拉机

总之,在一个农村人口占据多数的国家,农业领域的改革具有极其重要的地位。正是在国家高度重视农业的政策背景下,地方政府不仅希望农业成为招商引资的新领地,更希望在"三农领域"做出亮点和成绩。而在土地规模流转后,地方政府终于具有了改造和影响农业的制度化渠道,农业成为可以被治理、可以有所作为的领域。

(三) 土地规模流转中的基层权力再生产

事实上,从其他国家和地区的农业发展经验来看,农业现代化并非一定建立在规模经营基础之上,二者并不存在直接的相关

第二章　土地流转发生中的权力实践：中央与地方

关系。诸如日本、韩国以及我国台湾地区，其农业现代化和资本化的实现恰恰建立在土地的家庭经营基础之上。但是，与中国这种高度分散、数量庞大，且彼此之间缺少纵向与横向关联的小农生产方式不同，这些地区农村社会中的综合农民协会等机构发挥了组织农民的重要作用。在农民协会的组织下，农民克服了传统小农的生产弊端，不仅能够和国家有效对接，也能更好地适应外部的市场经济，克服小农生产的盲目性和自发性。因此，实现农民的组织化不失为一条中国农业发展可供选择的道路（温铁军，2009；杨团、孙炳耀，2012）。这也意味着，土地的规模流转并非实现农业现代化的必由之路。

如果说农民的组织化和通过土地规模流转形成新型农业经营主体是两条农业发展道路的话，当下中国的地方政府和基层组织无疑更加偏好土地的规模流转。作为农村土地的所有权代表和村庄社会的管理者，村委会同样是推动土地流转的直接力量。以下分析村委会在土地流转中的行为逻辑和流转偏好形成的原因。

1. 农民组织化与村委会的无限责任

在理论上，实现农民的组织化不仅能够解决高度分散的小农生产模式的弊端，也能克服农民在"兼业"结构下土地利用不充分的问题。比如，在生产管理环节，农民协会可以统一购买种子、农药、化肥，相比于农户，农民的协会组织拥有丰富的市场和农业信息，能够及时跟进最新的科技发展，且因为购买商品的数量庞大而拥有更高的市场谈判地位。在耕种、收割等生产环节，农民的协会组织能够协调农民的劳作时间，使其能统一使用大型农业机械，从而提高生产效率、降低生产成本。甚至，对于一些外出务工的农民，在其无法及时参与农业生产的时候，他们只需付出少许的费用，协会或者组织就能够以代管的方式帮助该农民经营土地。由于有专门的机构和人员为农民提供农业的各种服务，外出务工的农民同样可以实现土地产出的最大化。因此，实现农民组织化的优势是明显的，那么问题的关键在于如何实现农民的组织化。从现实来看，当前农村社会中主要存在三种组织农民的方式。

第一种农民组织为经济组织，即农民的专业合作社。2006年，《中华人民共和国农民专业合作社法》出台。之后，农民的专业合作社大量涌现。截至2011年6月底，在工商部门登记的农民专业合作社达44.6万个，入社农户达3000万户，约占全国农户总数的12%[①]。在法律上，农民专业合作社被界定为同类农产品的生产经营者或者同类农业生产经营服务的提供者、利用者，通过自愿联合、民主管理形成了互助性经济组织。为了维持合作社的运行，农民的专业合作社需要相应的组织和管理成本投入，需要专门的人员从事农民的协调和管理工作。然而，在一个缺少合作传统的社会，且在农业剩余利润有限的条件下，中国农村的专业合作社很难生存下来。调研发现，即使在合作社成立之初存在经营者之间的合作，但最终都会演变成为个体农民进行市场活动的纯经济实体，导致专业合作社"有名无实"。所谓的合作社成为市场主体获取国家资源和市场进入资格的一个名号而已。有人估算，全国80%以上的合作社都是假合作社（张晓山，2013；刘老石，2010）。

第二种组织为传统文化组织。在传统社会中，宗族是农民个体家庭之上的结构性力量，其不仅承担了小农所无力完成的基础设施建设等任务，还发挥了组织农民合作、协调彼此利益的重要功能。随着20世纪革命运动的发生，宗族等传统势力已经整体衰落。在当今的农村社会，宗族的作用主要体现在文化活动领域。而且，在多数村庄和地区，随着人口的迁移，传统的宗族组织与村庄社会已经不再重合，宗族组织整合的范围和规模已经日渐缩小。更为现实的制约是，当前宗族组织的组织者一般是中老年人，他们缺少组织农民进行农业生产以及开展市场经济活动的能力和条件。

第三种组织为政治组织。相比于前两种组织，作为农民自治组织的村委会则是村庄社会中的第三种组织。在当前农村，因长期与农民打交道并作为村庄成员，村委会干部熟悉村庄社会中的

[①] 《全国实有农民专业合作社44.6万个》，《农民日报》2011年8月10日。

各种信息和情况，从而是组织农民的最理想力量。但是，通过村委会组织农民进行生产合作仍然面临诸多问题，农民合作与组织化的目标依旧难以实现。

　　2014年，江苏S县启动了一场名为"联耕联种"的农业发展道路的探索。所谓"联耕联种"就是在农民自愿前提下，由村组统一破除田埂，将碎片化的农地集中起来实现有组织的连片种植，再由服务组织提供统一的专业化服务，从而实现农业生产和管理经营上的统一协调。在起源上，"联耕联种"的本意是要解决秸秆还田问题，因为只有大型农业机械才具备将秸秆还田的能力，而大型机械作业的前提是必须破除农户之间的田埂。随着"联耕联种"的推广，农业生产的效率也相应提高，S县政府才决定进一步推广这种模式。对于农民来说，其只需向村委会交纳每亩400元的费用，从品种的选择到收割等生产环节就都由村委会负责组织实施，他们就不用像之前那样在土地耕种上操心。作为一项重要的农村改革，省市政府也在不同场合对S县的这种模式进行了正面的评价，该模式已经引起了学界和媒体的重视，认为这是"一场区别于建立在土地流转基础上的农业现代化模式"。

　　该县的CD村是最早推行这一模式的试点村。在两年试点后，该村的村干部却叫苦不迭。首先，村干部要完成大量的事务。从播种开始，村委会就要选择好的品种；在耕田时，村委会则要联系外部的农业机械队等市场服务组织，协调好时间。不仅如此，由于农民的土地产出直接和村委会的组织安排有关，村干部还要经常面临农户的询问，大量的工作让该村的四名村干部不堪重负。其次，村干部还要承担农业生产中的风险与责任。2015年，为了使用新的农业科技，村委会在选择小麦品种时用了一种名为"宁麦1号"的新品种，然而在作物的生产后期该品种却普遍得"白粉病"。面对这种状况，村民担心麦子减产，纷纷指责村委会干部选错了品种，大量的村民围堵了村委会。村干部更是焦虑，因为一旦真的选错品种，那么所有"联耕联种"的土地都将受到影响，由此造成的损失不可估量。在几个月后，这种病虫害得以治愈，小麦不仅没有减产，反而比之前的老品种有所增产。虽然是虚惊一场，但受此惊吓后村干部决定再也不做这种吃力不讨好的事情了[①]。

从农业生产效果上看，"联耕联种"的经营新模式解决了"大包干"造成的土地碎片化、农民的无组织生产和分散经营三大难题，实现了"增面积、降农本、促还田、添地力、提单产、升效益"等目标[②]。尤其是外出务工农民和留守的务农农民对这种模式非常欢迎，因为自己不用再操心生产的诸多问题。通过村委会的统一安排，S县农民的组织化得以实现。但是，村委会尽管具有组织农民的能力，但却缺乏组织农民的动力。

其一，作为基层自治组织，村委会是村庄中的公共管理机构，组织的性质决定了其不能名正言顺地通过提供服务来获取组织利润。在S县，村委会收取的每亩400元的费用在种子的购买、农业机械开支等之后已经没有任何的剩余。在某种程度上，正是因为村委会的收费基本上相当于甚至略低于农民自己耕种土地时的生产开支，农民才有积极性参加"联耕联种"。相反，如果村委会通过收取服务费赚取差价，其必然加大农民的生产成本进而受到农民的指责，这就使得"联耕联种"丧失了推广的正当性。

其二，在组织农民的过程中，村委会不仅无法获得利益，还要承担无限责任和风险。由于土地并没有流转，土地的收益仍然是归农民所有，如果村委会不能保障农民的土地收益，其将受到农民的指责和上级政府的问责。在家庭生产模式下，从种子的选用到谷物的收割，生产的各个环节都是由农民自主决定并独立实

[①] 2015年10月1～15日江苏省S县调研资料整理。
[②] 2015年江苏省S县县政府办公室资料文件。

施，在市场主体提供的服务和质量本身不存在问题的条件下，农业生产的风险都将由农民独立承担，他们没有理由去责怪其他人或者组织。一旦村委会介入农民的生产过程，其就要为农业生产中的决策承担风险。在农民眼中，本身就应该为村民服务的村委会理所当然要为农业的减产兜底和负责，怎么可能在此时撇清责任而对农民不管不问呢。一方面是几乎为零的组织利益，另一方面则是无限的风险与责任承担，村委会组织农民进行农业生产的内在动力严重不足。从全国的经验来看，不乏如同江苏 S 县这种通过村委会组织农民合作的成功案例。但是，更应该看到，村委会的行动主要是上级政府的行政压力使然，一旦政府施加的压力降低，村干部往往就会退出农业的生产领域。而且，在很多地方政府本身就欲推动土地流转的背景下，通过村委会来组织农民更加不具有可行性。

因此，尽管在理论上不通过土地流转仍然能够实现农业的现代化，但是这种发展模式所需要的农民组织基础在当前的中国农村社会并不具备。除去农民专业合作社和宗族组织，即使具有一定治理能力的村委会组织也并非组织农民的有效组织力量。面对农业生产中"责任大、利益小"这一权责不匹配的特征，村委会组织不具有组织农民生产的积极性和主动性。即使由于上级政府的行政压力，村委会有效地将农民组织起来，但是这一组织方式并非一种稳定的且可持续的农业发展模式。

2. 土地规模流转与基层"权力－利益"的再生产

从全国农村的现实来看，村干部普遍热衷于推动土地流转。在土地流转后，农业经营主体更换，农民不再直接耕种土地，农民之间原本围绕着农业生产所产生的问题乃至纠纷就得以大幅度下降，村委会的治理任务和责任得以减轻。但是，对责任的规避并非村委会热衷土地流转的主要原因，土地规模流转中所产生的利益和权力空间是激励村干部推动土地流转的隐性力量。

首先，在土地规模流转中，村委会获得了相应的权力空间。为了降低土地流转的交易成本和风险，在很多地方，农民并非直

土地流转与乡村秩序再造

接与资本之间签订流转合同，而一般是由农民将土地流转给村委会，之后再由村委会统一流转给资本。对于农民来说，由于是流转给自己村庄的村委会组织，他们就不用担心土地流转租金收不上来。而对于农业资本来说，他们则无须和千家万户的分散农民打交道，和村委会签订流转合同即可。因此，在农民将土地流转给村委会后，村委会事实上具有了将土地再次流转给别人的权力。在农业政策不断利好的背景下，城市的剩余资本进入农业领域，它们之间无疑存在竞争，谁要想胜出就必须得到村委会的授权。为此，在土地流转中，村委会获得了在土地流转之前不曾具有的土地运作的权力空间。江苏L区的一个村干部讲述了他们引入资本的过程。

> 现在承包土地的人多。我们一般从村民手中收上（流转）土地后，将土地整治下，特别是沟、渠、道路，就有老板来看。去年这块土地（1000多亩），共有四家公司来包这个地，我们就开始挑肥拣瘦了。怕他们经营失败，就去摸底。通过几轮谈判，决定发包给这个从常州来的老板。他们与上海宝钢公司有业务关系，实力不错[①]。

不仅是为了获得土地的经营权，土地流转的价格能否优惠、在日后的土地经营中能否得到村委会的鼎力相助都取决于流入土地者和村干部的关系，因此，准备前来流转土地的大小老板都要想方设法结交村干部。在很多农业地区，农村税费改革后，村集体缺少了治理资源，村干部职位本身的吸引力都在下降。在土地流转的大背景下，土地流转产生了村干部新的权力空间，以致有村干部调侃说"现在当村干部的感觉甚好"。正是在对这种权力空间的预期下，村干部具有了流转土地的积极性。调研发现，为了防止农民私下直接将土地流转给外来承包经营者，一些地方规定

---

① 2014年7月28日南京L区SG村村委会主任访谈资料。

第二章　土地流转发生中的权力实践：中央与地方

私自流转土地者不享受国家的各种农业补贴以及优惠政策。

其次，在土地流转之后，村委会还获得了隐形的经济利益空间。对于村委会来说，伴随着土地流转和土地整治具有一次重新扩大"集体机动地"的契机。分田单干时，村委会或者村民小组为了保障村组两级集体公益事业而提前保留了一部分未承包到户的集体土地，自此后集体机动地一直在中国农村的村组两级普遍存在。在现实中，如同公共的鱼塘、场地等的发包一样，这部分土地一般是由村组发包给村民，后者交纳的租金构成了村组集体收入的一部分。为了防止村组集体利用集体土地寻租，国家一直要求减少集体机动土地的比例，特别是在 2003 年《中华人民共和国土地承包法》出台后，村组不得不减少集体机动地的面积①。然而，在土地流转后，伴随着土地的整治，原本农民土地之间的公共渠道、水塘、道路等都成为耕地的一部分，这导致耕地的总面积增大，一些不属于农民承包土地的新土地再次出现。在南京 L 区，土地整治之后，很多村都增加了原有耕地面积 10%～15% 的新土地。对于这部分新增的土地，当地采取的原则是归村组两级集体所有。在土地流转中，村委会和村民小组同样将这部分土地纳入流转的范围，流转租金就相应地归村组集体所有。

即使不增加集体的机动土地，在不损及农民利益的前提下，村委会也有通过土地流转增加集体收入的方法与手段。在南京 L 区农村，2013 年，村委会给予农民的土地流转租金为 500 斤稻谷的当年国家挂牌价，考虑到通货膨胀的因素，村委会和村民的流转合同上规定租金每五年上浮 10%。为了进一步壮大集体经济，村委会在流转土地之后利用国家扶持农村产业化的项目资金将部

---

① 《中华人民共和国土地承包法》第六十三条规定："本法实施前已经预留机动地的，机动地面积不得超过本集体经济组织耕地总面积的百分之五。不足百分之五的，不得再增加机动地。"一些地方为了应对这项集体机动地面积不超过村庄耕地总面积 5% 的规定，由于村干部也是村庄中的合法村民，在土地确权的时候将土地确权到村干部个人的名下，以此躲避国家的检查。这种方法在湖北、湖南的农村中较为普遍。

土地流转与乡村秩序再造

分土地改造为蔬菜大棚，之后再将盖有大棚的土地流转出去。从价格上看，占地约 1.5 亩的大棚每年的租金在 1800 元左右，扣除付给农民的土地流转费用，村委会可以获得每亩将近 1000 元的差价。村干部坦陈，土地流转正是壮大村庄集体经济的一次契机。2014 年，CS 村委会集体收入在 140 万元左右，其中大棚的流转租金收益在 10 万元左右，如果租户不拖欠租金，正常的大棚的租金收入将达到 20 万元以上。由此可见，土地流转的收益已经在当地村集体收入中占据一定的比例。

土地流转中存在的权力和利益空间构成了村委会推动土地流转的隐性力量。而随着土地流转的发生，一些村委会也逐渐积累了更多的经验，他们不仅要推动土地流转，还要限定土地流转的对象。在他们看来，为了方便收取流转租金，土地流入的对象数量要最小化，而且要尽量避开普通村民。这意味着，以资本为主导的土地大规模流转更加契合村委会的流转期待。在 CS 村，由于承包村集体大棚的都是普通农民且人数较多，村委会不仅每年收取租金的工作量巨大，而且经常面临租金被拖欠的局面。在村庄中，村委会区别于任何获取利润的私人和企业，其是农民眼中的"公家"（农民语）。而作为"公家"，村委会就不应该如同市场主体那样冷酷无情，光顾维护自身利益，而应该考虑到农民的实际困难。于是，那些从村集体手中流转土地的农户在交纳租金时往往有着各种理由需要村委会照顾，比如资金周转困难、当年的效益不好，等等。甚至，相当一部分农户怀着一种侥幸心理，认为交给"公家"的钱"能拖就拖"。退一步而言，农民就是赖着不交，村委会也没有办法。作为村干部，由于是为"公家"工作，他们不愿意彻底得罪村民，否则将会影响到双方的关系及以后在村委会选举中的选票。在考虑政治与社会影响的前提下，村委会又无法如同市场主体那样开展维权行动。当相当部分的流转费用总是收上不来时，村委会便只好考虑在以后的土地流转中改变流转对象。

第二章 土地流转发生中的权力实践：中央与地方

2003年，正值农业税费较重的时期，农民种田的积极性不高。面对这种情况，南京L区SG村村委会将一块洼地改造为池塘，总面积在1000亩左右，用于水产的养殖。L县是有名的螃蟹养殖之乡，前后共有几十户有养殖经验的农民前来流转土地。按照协议，土地流转合同每五年一签，第一轮五年中土地流转费用为每亩400元，第二轮费用为520元。养螃蟹的利润虽然较高，但市场价格的波动较大，这些散户总是以亏损为由拖欠村委会的租金。本来按照合同，在第一轮和第二轮的土地流转中，SG村村委会每年共应收取40万元和52万元的租金，但实际收取的费用每年都不超过20万元。2013年，南京市启动了国土整治和土地万亩良田的计划，村委会索性利用这次机会收回了该土地。这个时候，有很多农户愿意以每亩700~800元的价格接手该土地。但是，村委会收回土地后，却将土地以每亩500斤稻谷（约合700元）的价格整体流转给了来自常州的一家承包大户。该大户拥有雄厚的资金，开办一家为上海宝钢提供服务的下游小型企业。村委会之所以如此正是为了防止拖欠租金行为的发生[①]。

从租金收益上看，该企业并没有提供更多的土地流转费用，以致村委会不能实现租金收益的最大化。而且，将土地流转给外来资本而非本村村民，这一做法引起了本村欲流转土地村民的不满。但是，将土地流转给一家有实力的公司，村委会就避免了每年要向众多散户收费的工作压力。何况，相比于散户，该公司具有雄厚的实力，村委会不用过于担心其经营不善而无法收取租金。综合各方面的考量，土地的规模流转符合了村委会的组织利益。

从社区到社会的转变是现代社会的重要变迁机制。"社会应该被理解为一种机械的聚合和人工制品。社会的基础是个人、个人的思想和意志。在人类的发展史上，社会的类型晚于共同体的类

---

① 2014年7月5~30日南京L区SG村调研资料整理。

型。而现代社会的变迁正是一场从社区到社会的变迁过程。"(滕尼斯,1999:54~144)在西方或者经典意义上的社区共同体的瓦解中,市场力量扮演着关键性甚至是决定性的角色。然而,与这种变迁机制不同,当下中国村社共同体的瓦解来自权力和市场的双重因素,尤其是前者构成了推动土地外流进而消解共同体的直接力量。也正是由于中国村社共同体的这种特殊瓦解机制,土地流转后基层社会的治理具有高度的复杂性。

第三章　土地规模流转后的村社共同体变迁

改革开放以来，小农与土地之间的"若即若离"关系维系了底线式的村社共同体，而随着土地经营主体的转换，这种底线式共同体的维系机制终于被打破。在一场国家和地方政府主导的"有计划社会变迁"模式下，农民与土地关系的彻底脱离几乎是在一夜之间完成的。甚至，由于具有推动农业发展的美好宏愿，很多地方政府在推动土地流转时毫不隐讳地使用强制手段。相比于单纯市场力量造成的共同体变迁，依靠行政力量推动的共同体变迁呈现速度快、时间短以及程度剧烈等明显特征。在行政力量的开道下，伴随着土地的大面积流转，市场力量彻底进入村社，村社共同体已经无力维系自身的存在。

本章从村庄规范失效、村庄社会结构失调以及农民生活失序三个层面，分析在土地规模流转之后，村庄治理所面临的问题与挑战。在某种程度上，这些问题的产生和凸显正是源于传统村社共同体的瓦解。当传统治理手段失效之后，新的村庄治理机制却未形成，村社社会秩序陷入转型的困境之中。

一　土地规模流转与地方规范的瓦解

在传统的村社共同体中，由于具有血缘、地缘关系以及对生活的长远预期，村社内部的很多矛盾和纠纷都能得到及时的化解。在村社中，一个合格的村社成员在处理彼此的关系时要懂得忍让、不走极端，要在乎自己在村社中的名声。依靠地方的规范和传统，在国家权力不能有效进入村社的条件下，村社内部实现了一种"无须法律的秩序"。20世纪以来，随着国家政权建设的完成，村庄社会被整合进国家的治理体系之中。但是，在一个有庞大的农民数量的国家，国家权力无法像在城市社会中一样实现各种资源的高密度配置，村社内部仍然要依靠地方规范维系秩序。比如，农民之间的纠纷、矛盾并非全部由国家的正式力量解决，人情、面子、家族力量等地方性规范和力量都发挥着不可替代的作用。然而，地方规范发挥作用的范围一般局限在村社成员之间，一旦外部力量进入村社，地方性规范就面临失效。

（一）村社异质性的形成

在土地规模流转后，外部的资本纷纷进入村庄经营土地，失去土地的农民暂时没有脱离村社，由此二者便处在同一个空间之中。农民所面对的大小老板及其所雇用的各种管理人员和生产者，都是资本的人格化代表或者是服从和遵循公司规章的"组织人"。在传统的村社中，尽管不排除陌生人进入，但是出现如此长久驻村且行为逻辑完全不同于普通农民的陌生人却是村庄中从没有过的新现象。由于共处在一个有限的村庄空间中，该群体与农民群体之间必然存在着各种接触，村庄社会的关系日益复杂。

对于包括资本在内的各种新型农业经营主体而言，他们尽量维持与当地农民的良好关系，但是,. 不同类型、不同规模的经营主体在处理与农民的关系时所面临的压力、采取的方式却是不同的。一般而言，由于经营的需要，实力有限且流转规模较小的土地经营者会选择主动融入村庄，实力较强且流转规模较大的资本则完全摆脱了村庄社会的限制，他们不仅不会主动融入村庄，反而要求村民服从于其规则。通过以下两个案例，可以发现二者不同的行为逻辑。

来自安徽 AQ 的种田能手周某在 2009 年到邻近的 F 县流转土地，以每亩 400 元的价格流转土地 280 亩，用于种植水稻

第三章　土地规模流转后的村社共同体变迁

和小麦。在日常管理中，周某夫妻两人参与劳动，在农忙时则雇用周围的村民做些小工。作为具有丰富经验的种田能手，周某在来到新地方之后并非一心从事农业生产，他特别注重结交社会关系。据他讲述，在来村庄后做的第一件事情就是拜访四周的村民，通过走访，一是和大家熟悉起来，二是了解哪些人平时经常做小工以及周围人对他做活好坏的评价。在与大家熟悉后，周某在平时的生产中通过各种方法保持并维系与其他村民的关系。他不仅经常将自己丰富且科学的农业生产经验传授给别人，而且还慷慨地将一些农业机械借给本村及临近村庄的农户使用。很快，周某就融入了当地社会，他和周围的很多村民都结下了良好的关系。

事实上，周某结交各种关系的目的是为了解决自己经营中的雇工问题，他这样讲述了结交社会关系的目的："我的盈利主要是靠人际关系。比如，平时我有10个关系比较好的人，在农忙的关键时刻就能叫到5个，关系差的话这个时候就（可能）叫不到人了。人际关系相当重要，首先是要真心对待他，不要像那些承包大户那样看不起他，只是把他当自己的工人。平时要多说说话、谈谈心，这是感情投资，有感情了，到需要人帮忙的时候，他们把家里的事一放就来给你干活。有时不要太计较，他给我干活我多给点零钱给他，他更高兴。"

由于解决了雇工难的问题，与当地动辄经营面积超过1000亩的大户不同，周某不仅没有亏损，反而逐年盈利，2010年、2011年周某土地经营毛利润都在10万元左右[①]。

作为小型的农业生产者，以周某为代表的新型农业经营主体（家庭农场）不具有足够的资本购买农业机械，农业生产仍然需要大量"活劳动"。一方面，周某夫妻二人没日没夜地辛苦劳作，另一方面他们又必须依赖周围村民提供的季节性劳动。在农村劳

---

① 2010年12月20~21日安徽F县XL村周某访谈资料。

动力大量外流的情况下，一定规模的土地经营者都面临着雇工难的问题。特别是在农忙季节，在留守村民本来数量就不多的背景下，其又要参加自家的劳动生产，由此加剧了农业劳动力的短缺。在这种背景下，周某等家庭农场主必须想方设法地通过各种关系来保障自己农业生产的劳动力需求。由于土地规模有限，其所需的劳动力数量并不多，通过社会关系的建构和运作，他们对农业劳动力的需求基本上就能得到满足。与此同时，虽然他们建立关系的目的具有较强的工具性考量，但是由于遵循熟人社会的行动逻辑而很快就融入了村庄社会，村庄社会并没有因为外来者的进入出现分化和隔阂。

由于农业机械的技术条件有限，大规模土地经营者虽然拥有雄厚的资金实力和各种农业机械，但他们在很多环节仍然要依赖劳动力。但是，其应对劳动力短缺的方式却与周某这种小规模土地经营者不同，不可采取这种通过融入村庄社会的方式来获得劳动力的供给。这一是由于其对劳动力的需求较大，社会关系结交根本无济于事；二是因为资本化经营普遍采取"科层制"的管理方式，具体管理和耕种土地的都是资本雇用的管理人员。在公司的管理体制下，具体负责管理和生产的人员只会完成上级管理者布置的任务，不可能主动融入村庄社会；而资本的代表大都是城市中的商人或者其他职业群体，本身不参与农业生产的现实决定了其同样无法和村庄中的农民建立各种非正式关系。在这种条件的限制下，土地规模经营者要解决劳动力的供给问题只有两种方式：第一，及时地捕捉农业机械的最新信息，尽最大可能在农业生产的各个环节用农业机械替代劳动力，减少对劳动力的依赖。第二，在市场上通过提高劳动力价格的方式来获得更大地域范围内的劳动力供给。

  湖北Z县的S公司是省内茶叶生产的农业龙头公司。2009年之前，该公司的茶源主要是从茶农手中收购。2009年开始，在地方政府的推动下，该公司开始建设自己的茶叶基地，先

第三章　土地规模流转后的村社共同体变迁

后从农户手中流转土地6700亩。相比于粮食作物，茶叶的种植需要更多的劳动力，尤其是采摘环节几乎全部依赖劳动力的手工作业。该公司共有87名正式的管理人员，100多名长期雇用的农业工人。但在采摘的高峰时期，该公司每天都需要约5000人的临时雇工采摘茶叶。由于茶叶采摘对劳动力的体力要求不高，老人和妇女都可以做。即使如此，由于本地的留守村民多数都从事茶叶的种植，在采摘时节无法分身，本地的劳动力根本无法满足的需求。于是，公司利用邻近陕西安康等大山区的地理优势，每年都到该地区招聘大量的临时雇工。在当地政府的配合下，公司设立定点的招募点，不仅对工人包吃包住，还有专车接送，为外地工人提供各种便利。从2009年至今，S公司都是依靠这种方式来解决劳动力短缺的问题[1]。

图3-1　S公司的茶园一隅

---

[1] 2013年4月15日湖北Z县S公司访谈资料整理。

与小规模的土地经营者融入当地熟人社会的关系网络之中的逻辑不同,大规模土地经营者劳动力供给的实现更多的是依靠正式的市场关系和权力关系[①]。农业资本依靠市场关系和权力关系建构了一个完全脱离村庄社会的自主性系统,村庄社会不再具备同化、吸纳对方的能力,村庄社会的异质性力量正式形成。

(二) 地方规范的瓦解与纠纷形态

由于村庄异质性的形成,村庄社会中以农民和资本为代表的两类群体之间的交往不再遵循传统的行动逻辑。在美国加州夏斯塔县农牧区人们的日常生活中,家庭饲养的牲畜越界糟蹋邻居的庄稼以及栅栏毁坏等引发的侵权问题不断,但是牧民之间保持的一些地方规范,比如忍让、互助等,使得各种潜在矛盾和纠纷得以消弭。然而,在高速公路上因为牲畜被撞引发的纠纷中,当地的牧民则锱铢必较,甚至不惜承担诉讼的成本用法律来维护自己的利益。由于双方关系的陌生化,传统的、低成本的纠纷解决机制不再适用于牧民与陌生司机之间的矛盾化解(埃里克森,2002)。与之类似,当下中国村社因为土地规模流转而出现的异质力量同样改变了传统村社中的人际交往规则和纠纷化解机制。而且,与陌生的司机只是牧区的过客不同,土地流转带来的各种资本以及管理者数量较多,由此带来的村庄陌生化程度更高。

因此,资本进入村社所带来的不仅是农业生产方式的变迁,而且是村庄社会裂痕的形成。面对村庄中不同且不存在依赖关系的利益群体,建立在熟人社会基础上的地方规范已经失效,村社中纠纷发生的可能性和化解成本大大增加。调研发现,在土地规模流转后,农民与资本之间主要有两种类型的纠纷和矛盾。

第一类是农田管理中的日常矛盾。在将土地的经营权流转给

---

① 与 S 公司相比,大量不具备这种有利地理条件的大规模土地经营者既无法获得本地的足够劳动力,又无法实现异地劳动力的调配,以致陷入了经营的困境之中。而对于 S 公司而言,其虽然解决了劳动力的短缺问题,但劳动力每天的价格在 150~250 元,高昂的劳动力成本依旧是制约其发展的重要因素。

第三章 土地规模流转后的村社共同体变迁

资本后，农民的生活仍然在村社中完成，他们并没有在空间上脱离土地。尤其是对于年纪偏大无法进入城市打工的中老年村民而言，由于长久以来围绕着土地的生活习惯难以改变，且土地仍然在眼前，他们仍然习惯于在田间地头见缝插针式地种植蔬菜或者庄稼，以及散养些鸡鸭鹅羊等家禽/畜。由此，因为侵占土地和家禽/畜践踏作物引发的矛盾便经常在农民与资本之间发生。

从经济收入的角度来看，流转土地的农民一般会得到不低于原有土地产出的租金，但是，土地对于农民而言绝不是单纯的商品，其主要发挥着社会保障的功能。只要身边存在可耕种的土地，农民就要想方设法利用起来种植各种蔬菜和作物。对于农民而言，不需要太多的土地就足以减少家庭副食消费上的货币化开支。不仅如此，农民还充分利用了自己空闲的劳动力，让自己的老年生活不至于无事可做而过于单调。同样，为了减少肉类蛋禽上的消费，农民一般习惯饲养一些鸡鸭鹅羊。与专门化的饲养不同，农民大都采取散养的模式。通过在农村的田间地头觅食，散养的家禽自己就可以生存下来，从而极大地减少了农民饲养的经济和劳动成本。但是，在土地规模流转之后，尽管土地仍然在面前，但使用土地的权利却已经让渡出去，农民的种植和饲养习惯会侵犯土地经营者的利益和权利。

> 在安徽 F 县 P 镇，流转 1000 亩土地的种田大户陈某来自隔壁乡镇，但是他的口碑极差，被村民描述成吝啬鬼。周围村民厌恶他为人斤斤计较，他不让村民在他的田间地头种菜养鸡。村民这样愤懑地讲："老陈，你不可能永远把地承包下去，你必须要和群众关系搞好，鸡吃饱了，人家还能帮你管理下。就在你田埂上种点油菜，你不让种，种点菜就够我们一家人吃一年的。我们组都在搞，又不影响你。"[1]

---

[1] 2013 年 10 月 29 日安徽 F 县 SH 村王某访谈资料。

在农民看来，种田大户不讲人情、不留情面，一点小小的利益都不愿意让渡，这种人际关系的处理方式是他们不能理解的。在村民看来，在一个村庄中，"今天我占了你的便宜，但在将来的某一天你也可以占我的便宜"，因此，大家没必要在意一时一地的吃亏，而要在长远的村庄生活中实现利益的平衡。但是，此时村民所面对的对象已经不再是和自己秉持同样想法的村社成员，而是"去人格化"的农业资本和管理人员。作为资本的人格代表，由于已经摆脱了村庄社会关系的制约，其已无须特意地与农民建立长久关系；作为公司的生产管理者，他们遵循的是公司的正式规则和管理规定，科层化的组织特征决定了其不可能遵循熟人社会的交往逻辑。而且，土地的规模越大，组织管理层次越多，资本就越无法灵活地应对农民的这种诉求。

从现实的角度来看，即使资本有意默许农民的"侵权行为"，为自己打造一个更好的社会环境，但是资本与农民数量不对等的现实使得这样一个决策会带来"多米诺骨牌"效应。在土地规模流转后，农业资本在村庄社会中面对的是数量动辄成千上万的失去土地的农民，而失去土地的农民往往都具有减少货币开支的诉求，如果允许个别农民"侵权"，那么这种行为将很快在农民群体中蔓延，农业资本的日常经营将无法进行。比如，农民在资本大户的田间地头种植蔬菜看似影响不大，但是一旦蔚然成风，资本在使用大型农业机械作业时就必然会碾压这些蔬菜。尽管在法律上资本不需要承担赔偿责任，但在涉及农民人数众多的情形下，这种行为有可能引发农民的集体行动，由此产生大量扯皮现象，这必然使得资本不胜其扰。正是为了避免这种麻烦，农业资本索性从源头就开始严格管理，坚决杜绝农民的这种行为。

由于异质性力量的进入，熟人社会的地方规范瓦解，这导致原本在村庄社会中微不足道的纠纷和矛盾凸显出来，村庄社会已经失去了化解和消弭冲突的功能。

第二类则是农民要求资本返还土地的矛盾。在村庄内部，农民之间的土地流转具有非正式的特征，因为流转主要发生在具有

第三章　土地规模流转后的村社共同体变迁

地缘和血缘关系的成员之间，土地流转的方式也较为随意，缺少明确的流转年限和合同契约。对于流入土地的农民而言，其是在耕种自己土地的同时顺便耕种流入的土地，对流入的土地本身没过多的利润期待；对于流出土地的农民而言，由于没有明确的流转契约，其随时可以通过与流入方的协商要回土地，从而降低了自身的生活风险。在农地价值和国家农地政策稳定的前提下，由于具有地方规范和地缘、血缘、人情关系的保障，农民要求返还土地的诉求基本上能够实现，从而避免了土地的纠纷[1]。然而，在土地市场化流转后，正式的合同与契约替代了非正式的人情，土地流转的弹性空间不再具备，此时，农民要求返还土地引发的矛盾开始出现。

调研发现，在土地流转后违反合同约定、要求返还土地的农民有两种原因。其一，生活货币化压力的增大导致部分农民反悔。在当前的社会生活中，农民失去土地之后，原有的相对自给自足的小农经济被打破，家庭生产、生活、交往的很多环节都要建立在以货币购买服务和商品的基础之上。在土地流转后，农民尽管可能增加了货币收入，但是通货膨胀使得小农家庭货币支出的压力逐渐增大，特别是鸡鸭鱼肉等副食价格的攀升事实上抵消了流转收入的增长。如上所述，在代际分工的结构下，年轻儿女在外打工，年老父母在家耕种土地，这种以货币收入和实物产出相结合的收入结构构成了当前农民家庭的收入来源。而在土地流转之后，单一的货币化收入来源反而更加反衬出土地实物产出的价值和功能。在江苏省宿迁的农村，一些地方在推动土地规模流转时，地方政府和村委会考虑周全，还给农民保留了一部分菜地，舒缓

---

[1] 农村税费改革后，农民之间围绕着土地权属的争议和纠纷曾经大量涌现。在农民负担较重的时期，一些农民为躲避沉重的农业税费任务而将土地转让给他人耕种，然而，随着国家税费改革的启动，农村土地价值逆转，由此导致之前转让土地的农户准备要回土地，双方的纠纷就此发生。从纠纷的发生原因来看，其主要是因为国家农地政策的转型与调整所导致，在国家政策稳定的前提下，农户之间的土地流转和代耕代种一般不会产生纠纷。

了日后可能发生的矛盾①。而在一些没有给农民留下任何土地的地区，农民的生活则完全进入了充满风险和生存压力的市场之中，他们要求返还土地的诉求很快就出现。在南京 L 区 L 镇推行了"万亩良田流转计划"一年后，部分农民就开始要求返还一份菜地供自己耕种。

其二，因为农民工的返乡而要求返还土地。在当前的经济社会条件下，农民之所以愿意进行土地流转在于外部工作机会的存在。即使对于部分中老年农民而言，在城市基础设施和房地产产业蓬勃发展的大环境下，大量建筑工地的存在为其提供了众多技术含量不高、适合就业的工作机会。但是，无论是年轻的务工者还是中老年的务工者，他们从事的工种都处在产业链条的末端且缺少足够的社会保障和稳定性。正因如此，即使是已经在城市中工作的农民工仍然存在返乡的可能性。一般而言，他们的返乡有主动返乡和被动返乡两种类型。所谓主动返乡是指农民工主动选择回乡，其原因或者是为了照顾留守在家的父母和小孩，或者是厌倦了城里的高度紧张且没有归属感的生活，又或者是攒够了积蓄而不再愿意在外打工，等等。所谓被动返乡则是指在全国经济乃至全球经济不景气的背景下，因就业机会萎缩而导致的农民工被迫返乡。比如，2008 年，由于全球性的金融危机爆发，中国出现了一股农民的返乡潮。回到村庄，土地就是唯一的依靠。因此，一旦农民工返乡，他们要求返还土地的诉求必然随之出现。

然而，作为以获取农业利润为根本目的的新型农业经营主体，在获取土地之后，他们不仅要进行农业的基础设施建设，还要购买价格不菲的大中型农业机械以降低对劳动力的依赖，这些农业投资的收回需要在数年内完成。经营土地的规模越大，资本的投资越多，就需要更多的时间来收回投资。由于农村土地二轮承包的年限限制，流转的年限一般限定至 2028 年。因此，在他们看来，农民要回土地的诉求根本是不可能被满足的，一是因为他们之间

---

① 《二分小菜地，为上楼农民解乡愁》，《新华日报》2015 年 1 月 22 日。

的合同并未到期,即使到期,按照合同的约定,他们仍然享有继续经营的优先权;二是如果归还土地,那么自己在农业基础设施上的投资岂不打了水漂?因此,与小规模的家庭农场主主动融入农民社会,进而遵循农民社会的行为逻辑不同,在资本的眼中,农民的素质较低且缺少现代的法律契约精神。农民和资本两大异质性群体所具有的不同认识方式和行为逻辑拉大了二者的隔阂和对立。一方无法返还土地,另一方则由于种种原因要求重新耕种土地,农民和资本之间的土地纠纷不断升级。

总之,在土地规模流转后,村庄中形成了农民和资本两大对立的社会群体,由于二者行为逻辑的差异,传统的地方规范已经不再适用于二者纠纷的防范与调解。而当村社社会丧失了整合不同群体的能力时,村社的社会裂痕逐渐增大,传统的村社共同体趋于瓦解。

二 土地规模流转与村庄社会结构的失调

土地规模流转不仅使得村社内部出现了异质性力量,也对村社原有群体之间的社会关系产生了破坏。从社会结构的变化来看,土地规模流转挤压了"中农"的生存空间,加剧了村庄社会的阶层分化,村社共同体已经无能力实现自身的整合。

(一)"新中农"的离村

在市场经济的影响下,当前中西部农村的青壮年劳动力大量外流,留守村庄的群体呈现老、弱、幼、妇的特征。前者由于脱离了村庄生活,一般是通过留守在家的父母了解村庄的情况,其与村庄的关系已经产生了疏离趋势;后者虽然在村庄中生活,但毕竟年纪或者体力不占优势,对村庄公共事务的承担往往力不从心。然而,在这种背景下,村社共同体仍然具有了自我修复和自我防御的功能。调研发现,村庄中土地的非正式流转催生出了一个新的农民阶层,他们正逐渐成为村庄社会整合的重要力量。

对于这个农民阶层，学界近年来已有关注，将之称为"中农"或者"中间农民"阶层（贺雪峰，2015；杨华，2012）。所谓"中农"或者"中间农民"，一般指能够外出打工但选择仍然留守村庄中的农民。留守在村庄的原因有很多，比如要照顾年迈的父母、担任村干部、不习惯辛苦的打工生活，等等。从收入上看，中农虽然没有外出务工，但家庭收入并不低于务工农民，从而能够相对体面地在村庄中生活；从年龄结构上看，中农一般在40~60岁，他们事实上属于兼业农民阶层中的一种特殊类型。相比于兼业农民的收入来自务工和务农两部分，中农的收入全部来自农业，其无非是将原本可能务工的时间和精力投入在对更多土地的耕种上；从社会特征上看，由于生活和生产活动都在村庄社会中完成，自己的利益与村庄秩序密切相关，他们就更关心村庄的公共事业，也愿意投身于村庄的管理和村庄建设之中。与之相比，外出务工农民、其他兼业农民等在村庄生活的时间不多，更何况还要为基本的生计奔波，他们往往没有心思和精力去关心村庄的公共事务。事实上，在农村人口大量外出的情况下，如果没有全职务农的中农阶层留在农村，大部分村庄公职可能会出现无人充任的局面。虽然这个群体数量上不占据多数，但在村庄社会"扁平化"的结构下，这部分农民因为在经济、文化和政治上占有相对较多的资源而成为村庄社会的中坚力量。根据笔者及研究团队的统计，在安徽F县、湖北X区的村庄中，中农阶层占留守农户的比重在15%~20%。

然而，"中农"的存在却要取决于两个基本条件。第一，村庄中或者临近村庄中要具备一定面积的可供其耕种的土地。在中国农村"户均不超过10亩，人均不超过1亩"的土地占有格局下，农民仅仅耕种自家面积有限的承包土地根本无法满足一家人的生活和发展需要，只有耕种更大规模的土地，他们来自土地的收入才会提升。从现实来看，在当前的经济条件下耕种30~50亩的土地，一年的收入能保持在3万~5万元，再加上零星时间在近处务工，在家种地的中农收入就不会低于外出务工农民的收入和其他兼业农民。在这方面，一部分离开村庄或者不愿意耕种土地的村民正为中农的产生提供了可能。在中西部的农村地区，尽管很多村民依靠代际分工完成土地耕种，但仍然会有一部分不具备代际分工条件或者不愿意耕种土地的村民，他们或者将土地抛荒，或者将土地流转给其他人耕种。由此，村庄中的农业就业机会扩大，留守村庄的农民获得不低于外出务工的收入成为可能。

第二，"中农"流转的土地必须要以低廉甚至免费的方式取得。作为土地的流出方，外出务工农民的收入已经不依赖于土地的经营，但由于外出工作的不稳定，他们仍然不愿意在一个较长的时间内放弃土地的承包经营权，而希望保持一种弹性的土地流转方式。因此，作为土地流入方的"中农"，虽然经营了外出务工农民的土地，却也承担了随时归还土地并且防止土地抛荒的义务。在这个意义上，外出务工农民和"中农"之间的土地流转并非一种完全意义上的市场交易，土地流转便无法体现出应有的市场价格。何况，在资本进来之前，欲流出土地的农户只能将土地流转给留守在村庄的农户，村庄社会根本不存在土地流转的正式市场。于是，"中农"往往能够以远低于市场价格甚至免费的方式耕种其他村民的土地。由于不用或者支付很少的租金，"中农"就能获得与外出打工近似的收入。即使略低于外出打工的收入，这种不用远离亲人而能够保持家庭形态完整性的就业模式仍然能够对"中农"留守在村产生吸引力。

然而，在土地规模流转后，"中农"存在的这两个条件全部丧失。首先，土地规模流转改变了土地流转的方向，从而切断了"中农"获得土地的渠道。在地方政府的积极推动下，土地流转的正式市场形成，资本成为流入土地的主体。而且，面对地方政府的行政压力，农民往往只能将土地流转给资本和大户。在这些因素的共同作用下，村庄中几乎所有土地都会流转给资本和大户，可供"中农"耕种的土地不复存在。

其次，土地流转价格的生成彻底瓦解了"中农"存在的非正式空间。与"中农"廉价甚至免费获得农民的土地经营权不同，资本经营土地的前提是要支付相应的流转费用，并且这个费用大

图 3-2　湖北 Z 县村庄中的"中农"

致相当于农民耕种土地的纯利润。在同一个地域社会中，一旦土地流转的价格生成，"中农"就不可能再以低价甚至无偿进行土地耕种。作为流出土地的农民，尽管他们将土地流转给"中农"可以实现一种弹性的流转方式，但是这种弹性方式的代价却已经产生，即土地流转租金的丧失。面对流出土地农民心态的微妙变化，"中农"如果不能提高流转租金，就不能很好地处理双方的关系，但一旦提高租金，"中农"所赖以存在的经济基础就将受到严重动摇。

进一步而言，土地的流转规模越大，其对"中农"的瓦解也就愈加彻底。在正常的土地市场化流转中，由于具有不同的流转主体，而且土地的位置、水利条件和土壤情况都存在差异，在流转双方的价格博弈下，土地流转的价格不可能完全统一化、标准化。在一些地理条件复杂、不利于土地耕种的地段，"中农"可以通过谈判来获得相对低廉的流转价格。由于是家庭经营，因耕种不便导致的更多劳动力付出并不会增加生产成本，无非是增加了

第三章 土地规模流转后的村社共同体变迁

自己和家庭成员的辛劳程度而已。但是,在土地规模流转的过程中,由于土地是大面积整片流转,且伴随着土地的整治,原本因为交通水利条件不便而不好流转的土地都实现了质量的标准化,这意味着任何农民的土地都具有参与正式流转的可能性,进而在根本上摧毁了"中农"存在的空间和基础。

调研发现,在土地规模流转推动之初,"中农"阶层是明确反对这场"运动"的社会群体,他们在村庄中散布不利于土地流转的言论、不配合政府的土地流转。但是毕竟"胳膊拗不过大腿",在土地规模流转后,为了维持家庭的正常收入,"中农"只能离村寻找其他的工作机会。

> 安徽F县XL村,分为十个村民小组,每个村民小组都有一名村民小组长负责本组内小纠纷的调解、农田水利的协调和管理、小型公共设施的建设与维修以及国家粮食补贴的发放、农村合作医疗的收费和政策传达等工作。村民小组长不仅熟悉本组情况,而且具备一定的工作经验,是村委会管理村庄的助手和依靠力量。在村庄中,村民小组长一般都会耕种其他村民不愿意耕种的土地,从而保障自己的收入不低于其他兼业或者外出务工农民,维持家庭的正常运作。2008年,在土地进行整治之后,全村的3800亩土地以每亩每年400斤稻谷的价格流转给了3个种田大户。一旦没有了土地耕种,这些原本耕种土地的农民纷纷外出务工,村民小组长等职务立马出现了空缺,该村至少有五个以上村民小组需要重新选组长。但是在留守村庄的老弱病残中,很难选出合适的人选。村干部抱怨说,没有了小组长,现在连开会都没有人通知,农业补贴的折子都发不下去[①]。

在传统的乡村社会,乡绅等精英群体因占有较多的经济、文

---

① 2010年12月17~19日安徽F县XL村调研资料。

化资源而成了村庄社会内生的权威,他们在纠纷化解、扶贫济困、维护乡村社会公共秩序等方面发挥了重要作用与功能。而在当前村庄劳动力大量外流的背景下,"中农"阶层是村庄治理的主体,他们是维系现有村社社会结构不松散和基本社会秩序的重要力量。然而,产生并维系"中农"阶层的制度因素恰恰在于土地非正式流转——这一自发秩序的存在,土地规模流转则消灭了土地非正式流转的存在空间,进而瓦解了"中农治村"的社会基础。

(二) 农民的再分化

阶层分化的加剧往往与村社共同体的瓦解同时发生。一旦阶层形成,阶层之间因为各自的生活方式、价值理念、经济收入的差异而形成彼此之间的社会边界与壁垒,传统共同体中的守扶相望、互帮互助的特征就被彻底消解。改革开放以来,由于非农就业机会的出现以及农民的大量外出,村庄社会出现了一定程度的社会分化,产生了四种农民类型,即外出经商农民、外出务工农民、半工半耕的兼业农民以及纯务农农民。但是,应该看到,这种分化仍然是在村社共同体整合下的有限度分化。相比较而言,外出经商农民占有较多的经济资源,但因其人数较少且已经离开了村庄,不再是村社共同体的成员,故不在下面的讨论之中。在后三种类型的农民中,他们的收入和职业存在差异,但是在依靠土地和劳动力获取收入的前提下,这种经济收入的分化程度有限。而且,三类群体之间存在的血缘、地缘以及相互之间的依赖关系也缓冲了因为经济资源占有不等而可能产生的隔阂,进而阻止了阶层的进一步分化。但在土地规模流转之后,村社共同体中原本存在的抵抗和抑制分层的力量被消解,村社原有的社会结构进一步瓦解。

从阶层的关系上来看,土地规模流转后原有阶层之间的相互依赖关系逐渐松动,社会交往大幅度减少。在土地未进行规模流转之前,土地价值的产生必须依靠村社成员的劳动。对于外出务工者而言,如果没有留守村庄的务农农民或父母耕种土地,他们的土地价值不仅无法实现,而且面临着土地被抛荒的风险。在某种程度上,务工农民生活风险的降低要依赖留守农民的劳动。同样,在家庭内部,外出务工农民也因为具有对土地耕种的需要而产生了对留守在家父母的依赖。如上所述,在当前的农民家庭收入中,务工收入和农业收入的结合使得农民家庭既具有货币化的收入又具有能够抵抗通货膨胀压力的手段。尽管土地的实物产出在家庭总收入中所占比例不高,但在家庭生活的展开中发挥重要保障功能。此外,留守的父母不仅耕种土地,还承担了为子女照顾幼儿的任务,为外出的子女提供稳定的"大后方"。在这种分工下,外出务工的村民和留守在村庄中的村民形成了相互依赖的关系。

与此同时,对于留守村庄的农民而言,由于要以非市场的价格和方式获得土地,他们对外出务工的农民同样具有依赖性。在村庄中,一个名声好、做事干净利索的人才能够招来欲流出土地农民的信赖,后者才愿意将土地流转给他。2010 年,笔者在河南信阳地区访谈的一个留守农民,他当时正是以较低的价格流转了本村 60 多亩的土地,他这样总结自己能够流入如此多土地的原因:

> 我人大方,够意思,你尖(尖酸、小气的意思)得不得了,人家就不给你种了。田给你也是看得起你,我主要是名声出去了。每年,亲戚朋友,(甚至)一个村的人都找到我让我种。明年准备再次扩大规模。(如果)自己干不了了,就请人去干[①]。

为了获得土地,留守的村民必须获得流出土地者的信赖,他们便尤其注重村社关系的交往。在某种程度上,传统村社中土地的非正式流转进一步生产了村社内部的社会关系,将原本分化的农民群体再次整合在一起。然而,在土地规模流转后,土地都集

---

① 2010 年 7 月 15 日河南信阳 P 区 YH 镇周某访谈资料。

中流向了以资本为代表的新型农业经营主体，村社内部的土地非正式流转不再具有发生的可能，原本依附在土地非正式流转基础上的社会关系也随之瓦解，不同农户不再因为土地的耕种发生交往和依赖关系。在土地规模流转已经蔚然成风的背景下，甚至让务工农民自主选择，他们也不愿意继续之前的土地流转方式。通过将土地正式流转给资本，务工农民不仅避免了土地被抛荒，还可以获得土地的租金收入。相反，这时如果继续免费流转给留守村民耕种，他们心中就不可避免地会产生一种之前并没有的"吃亏"心理。当土地可以大面积地自由流动时，土地价值的实现已经完全脱离了村社成员的劳动，围绕着土地所形成的村社社会关系失去了得以维系的重要制度支撑。

从农业财富的再分配机制来看，土地规模流转后，土地财富依附原有的社会分层结构转移，加剧了村社内部的张力。表面上看，流转土地的农民都获得了不低于土地实物收益的土地租金，从而产生了土地流转能够增加农民收入的表象。但是，如果仔细研究不同阶层农民的收入变化，土地流转所带来的却是农民阶层之间利益的零和博弈。对于务工农民而言，在土地规模流转之前土地要么是以低廉的价格流转，要么免费由自己的父母和亲戚耕种，如今土地的流转使得他们在务工之外又获得了一个收入渠道，这使得他们一方面依然能够延续之前的生活方式，另一方面也增加了以土地租金为来源的货币化收入。

对于留守的务农农民而言，他们虽然也获得了自家承包土地的流转租金，但是原本建立在土地非正式流转基础上的"隐形利益"却不复存在。作为"中农"，在土地规模流转后，原本可以廉价甚至免费耕种土地的机会丧失，其只能选择离村，以维持收入的不减少；作为留守在家、年龄偏大的务农农民，如果体力允许，他们原来也会从邻居、亲友等务工农民那里流转部分土地耕种。虽然流入的土地面积有限，但兼带着耕种其他村民的土地多少能增加自己家庭的收入。在自身劳动力不具有优势的条件下，这种方式几乎是这类农民所唯一能采用的增加家庭收入的方法①。在土地规模流转后，兼带着耕种其他村民的土地不可能了，而在现实中又不存在替代性的就业机会，他们的家庭收入开始减少。

不仅是经济收入的减少，土地规模流转还强化了这部分农民对自身存在的意义和价值的否定，其在村庄中的地位进一步边缘化。由于经济收入有限，纯务农农民本身就处在村庄社会的中下层。在土地规模流转后，他们唯一能够创造财富的渠道丧失，一些人投入娱乐性的活动之中。调研发现，土地规模流转后村庄打麻将、打牌等活动日益兴盛；而对于那些不喜欢参与娱乐活动的中老年人而言，在告别耕种了一辈子的土地后，随之而来的是更为长久的无聊和苦闷。在有土地耕种的条件下，这部分年老村民能够通过自己的农业劳动为家庭做出贡献，他们不仅不需要子女太多的货币供养，反而经常在实物上支援自己的子女。但在土地规模流转后，老人在大家庭中已经无法做出太大的贡献，证明自己存在价值和意义的方式丧失，原本的代际关系分工模式无法维系。

传统村社内部的社会结构一般具有"扁平化"的显著特征。在这种社会结构下，村庄内部的分化程度有限，除去少数的经济和文化精英，剩余的大部分村民基本都处在同一个阶层。由于秉持大致相同的生活态度和价值观念，他们之间的社会交往和集体行动才成为可能。然而，在土地规模流转后，村庄分化的力量战胜了共同体的整合力量，由此带来村庄社会结构的重塑。

三 农民上楼与农民生活方式的再造

在土地规模流转后，农民告别了土地，他们的职业也进一步

---

① 主流观点认为，在土地流转后，农民可以成为农业资本的雇佣工人，从而获得工资性收入。但是调研发现，这种乐观的设想很难转化为现实。对农民而言，成为工人不如在自己土地上耕种自由，更为重要的是资本对劳动力的需求是不均衡的，在农忙时节需要大量劳动力，而在日常管理中出于降低劳动力成本的考虑，使用劳动力的数量有限，容纳不了太多农民就业。

多元化。面对这种趋势，作为土地规模流转后农村改革的继续，很多地方启动了"农民上楼"以及"村改居"的变革，企图通过农民生活空间和行政建制的改造来加快城市化的进程。如果这种转型顺利完成，那么村社共同体将成为城市社区，原本因为共同体瓦解所带来的问题仅仅只是转型中的阵痛，很快就会消解。但是，在"农民上楼"后，新型农村社区并没有形成有效的社区治理规则和治理结构。调研发现，新型农村社区的治理既不同于传统村社的熟人治理，也不同于城市社区的陌生人治理，农民在公共生活和个体生活中普遍面临着各种问题的困扰。

(一) 强制与激励：两种农民上楼模式

在"农民上楼"运动中，很多地方通过"拆村并村"建立起了各种"农民集中居住区"或者"新型社区"。不同于传统农户院落形态的住宅，这些新型社区一般以多层单元式楼房为主。近年来，从东部的山东、浙江、江苏到中部的湖南、湖北，再到西部的四川、重庆，以及南部的广东、广西，都不同程度地开展了"村庄合并"和"农民上楼"运动，涉及的农民数以亿计。从"农民上楼"运动的发生机制来看，一般可以分为两种模式：强制模式与激励模式。

1. 强制模式

江苏 P 县村庄占地总面积 183 平方公里，其中宅基地面积为 73 平方公里。"空心村""一户多宅""宅基地超标"等土地资源浪费现象严重。如何改、怎样改，成了摆在县政府及国土部门面前的一道难题。2014 年，P 县政府将集体建设用地退出工作列为"五项农村重点工作"之一，列入县政府年底考核的项目。同年 5 月，县政府出台了《P 县集体建设用地退出及推进新型农村社区建设管理办法》，最终确认全县的 44 个行政村、53 个连片地块、559 户准备实施集体建设用地退出计划。

在县政府的总体规划下，下属乡镇相继出台了各自的搬迁与房屋置换方式。DL 村为该县 DT 镇的下属村庄，该村有

1500多人，根据《邓氏族谱》记载，该村始祖在明朝洪武年间迁移至此，距今已有500多年的村庄历史。由于该村临近乡镇中心，区位位置较好，镇政府计划在该村建设一个大型的农民居住点，将包括邓楼村在内的周围数十个村庄的村民集中搬迁于此。此外，由于临近大型国有企业，该村有近一半的家庭有成员在该企业上班，政府也据此认为，较高的非农人口比例能够使得该村的搬迁过程更加容易，农民也更容易适应上楼后的生活方式。

在置换标准上，按照"拆一还一"的方式，即按照老房子的面积给予同等面积的新房，但要补足新老房屋的差价。村民原有的房屋估价一般在每平方米400元左右，新楼房的平均价每平方米在750~800元，村民只要每平方米补足350~400元的差价就可以实现房屋的置换。如果欲置换新房屋的面积超过原有房屋，那么多余的面积就按照市场价格购买。但是，考虑到农村房屋中不乏低矮的厨房、仓库、圈舍等，政府规定层高必须在3米以上的房屋才纳入置换的面积。同时，原有的耕地也统一征收，按照每亩2万元左右的价格进行补偿。但所有的补偿都必须在新房建成之后才能兑现，在此期间村民只能获得拆迁期间的租房费。租房费的标准为每月每平方米3元，计量的依据是原房屋面积，房源则是自己想办法解决。

尽管可以得到新房，但是获得新房的过程不仅周期长，折腾人，还要支付老房子与新房面积不等的差价。以100平方米的新房为例，村民至少要拿出3.5万到4万元的现金。不仅如此，在搬进新房后，新房屋的简单装修、家具的添置等也是村民要承受的负担。如此计算下来，住进新房的村民至少要付出10万元。这对于那些有一定经济实力且正好有购买新房意愿的村民算不上太大的负担，但是对于那些经济条件较差、年龄偏大的村民而言，这无疑是强加在其头上的沉重负担。因此，DL村的集体搬迁遭遇到了农民尤其是村庄中较为弱势农民的反对。

土地流转与乡村秩序再造

然而,从动员到任务完成,DL 村的拆迁却在短短一周内快速完成,延续了 500 年的村庄在空间上消失了。在这个过程中,乡镇政府表现出了极强的动员能力并运用了各种拆迁的策略。据村民回忆,拆迁工作以生产队(村民小组)为单位分别进行。由队长(村民组长)、村主任、镇里的干部共同组成拆迁工作队,他们负责对房屋的面积进行测量和房屋内部装修补偿的核算。为了给村民施加压力,拆迁工作队规定:谁家早签字愿意搬迁,谁就能够享受优先选房的权利。同时,在房屋装修的补偿标准上,每平方米额外给予 100 元的补偿。但只要签字,村民就必须立即交出钥匙,关上大门,离开村庄。此外,对村民构成更直接压力的是来自国有企业以及各种体制内单位亲友的劝说。由于该村大量人口在国有企业等单位上班,这些人的利益、前途发展都与单位内的考评密切相关,正是抓住了传统单位制的这一特征,地方政府通过各种手段对其施加强大的压力,迫使其说服家人或者亲友尽快拆迁①。

① 2015 年 12 月 30 日江苏 P 县 DT 镇 DL 村调研资料整理。

第三章　土地规模流转后的村社共同体变迁

图 3-3　已经成为一片废墟的 DL 村

然而，5 年过去了，由于建设的成本收益不合算，始终没有开发商愿意承建 DL 村的还建小区。据说，先后有 30 多家开发商到该地进行考察，但最终都放弃了建设计划。DL 村的农民至今仍四散在各处租房，当地的"农民上楼"还没有最终实现。不仅仅是"上楼"的过程充满冲突，可以预见，即使在"农民上楼"成功以后，由于"上楼"的完成基本上是建立在行政的强制和半强制动员的基础之上，"上楼"之后的社区所面临的治理问题同样较为严重，后文还将继续就此问题展开讨论。

2. 激励模式

浙江 J 县是全国较早推动"农民上楼"集中居住的地区。在 2008 年，J 县所在的 J 市就制定了"宅基地与承包地分开、搬迁与土地流转分开，以宅基地置换城镇房产、以土地承包经营权置换社会保障"（即"两分两换"）的总体改革思路。YZ 镇是当地的经济强镇，2008 年地区生产总值 23.3 亿万元，财政收入 2.37 亿元。镇政府集中规划了两处约万人居住规模的

95

大型社区，并分为三期开发。按照程序，农民在自愿退出原有的宅基地后，可以获得房屋补偿和政府的各种奖励资金，之后再购买城镇的房屋。为了鼓励农户搬迁，地方政府出台了较为优惠的补贴方案，以鼓励农民参与房屋的置换。农民所得的补偿和资金主要由以下五部分组成。

①原有房屋价值的50%货币。镇政府邀请独立的地产评估机构对参与房屋置换的农民的房产进行评估，之后按照评估价格的50%进行支付①。

②人头费。按照家庭人口给予补贴，大户（5人及以上）每家补贴6.6万元，中户（3~4人）补贴5.8万元，小户（3人以下）补贴3.6万元。

③节约土地的奖励费。由于农民原有宅基地由院落和房屋两部分组成，且村庄中的房屋在空间上并不紧密，一旦农民上楼，大量的土地将被节约出来，从而给地方政府提供了相应的建设用地指标。为此，当地政府对农民节约的土地给予每平方米800元的奖励，平均每户能获得1万元左右。

④连户搬迁奖。如果农民前后左右的邻居一起搬迁，这将给地方政府的土地复垦创造更加便利的条件，为此，对于搬迁后土地能够连片开发的农民，地方政府给予每户5000元的额外奖励。

⑤按时搬迁的奖励。按照合同约定，在农民获得奖励并以协议价格购买商品房后，就必须完成自己老房屋的拆迁。如果在规定时间内完成这项任务，每户将得到每平方米80元的奖励。

由于以上的奖励和补偿政策，每户农民一般能得到10万~20万元的奖励。对于政府建设的商品房小区，地方政府则按照每平方米800元左右的成本价销售。按照规定，农民参与置

---

① 之所以支付50%是因为农民原有的房屋在补偿后还能参与新房屋的置换，其并非真正的拆迁补偿。

第三章　土地规模流转后的村社共同体变迁

换新房屋的面积为人均40平方米，但每户总面积控制在260平方米以内，超出部分按照1000元/平方米置换。比如，一套建筑面积在400平方米的复式房总价在32万元左右，在置换折算之后，农民另外再支付5万~10万元就可以获得房屋的所有权或者使用权。由于浙北农村经济发达，农民的家庭收入远高于中西部农村，他们基本都能够承受这一差价。而且，置换的房屋都是大面积的复式楼房，居住环境对他们具有吸引力。在这种条件下，从2008年开始，全镇不断有农民主动搬到新型社区中来。政府的一份文件显示了两个村庄在2010年实现房屋置换的情况：

门村"两分两换"区域已完成农房评估850户，占总数的98.27%（共需拆迁865户，其中DM村843，HJ村安置地块22户），实际拆除农房843户（已评未搬7户），占总数的97.46%，土地流转签约农户847户，占应签约总户数的99.53%，流转土地面积6983.6亩，占总面积7001亩（指水田、旱地、自留地等面积）的99.76%。

TP村"两分两换"区域已完成评估签约371户，占应评估签约391户的94.88%，土地流转签约农户391户，占应签约总户数的100%，流转土地面积2196.5亩，占总面积的100%。太平村安置社区1期7幢2.3万平方米多层公寓建设超过一层，80户联排自建房开工建设[1]。

在整个"上楼"过程中，农民基本上都是以自愿的方式实现房屋的置换，并由自己负责房屋的拆迁。由于参与房屋置换的人数较多，地方政府的财政压力逐渐增加，在2013年，当地政府便开始降低了对上楼农民的补贴力度。当地的"农民上楼"运动才逐渐平息下来。

由于地方财政实力雄厚，相较于江苏P县，浙江J县是通过给

---

[1] 2014年7月5~25日浙江J县YZ镇调研资料。

予农民较多的优惠和补贴的方式激励农民上楼,"农民上楼"运动所遇到的阻力较小,相当数量的农民甚至主动搬迁到新社区中来。这一经验和做法主要发生在经济发达地区,代表了当前农民上楼运动的第二种类型,即以经济诱导为主要手段的农民上楼运动。但是,这种类型的"农民上楼"同样产生了一系列未曾预料到的问题。

(二) 农民上楼与公共生活的失序

无论是江苏 P 县还是浙江 J 县,"农民上楼"运动都是发生在土地资源日益稀缺,地方政府迫切需要通过农民的宅基地退出以获取国家的建设用地指标,从而推动地方经济发展的大背景下。在以上两种农民上楼模式中,前一种模式因为建立在农民的非自愿基础上而饱受社会的诟病,对地方政府妄为的批判也一直是当前"农民上楼"运动中的焦点问题[1]。但是,无论上楼过程是顺利完成还是充满冲突,两种上楼模式所产生的直接后果都是传统村庄空间的消失,对于"农民上楼"后村庄空间形态的改变以及由此而产生的治理问题更值得关注。事实上,在传统村社存在的空间基础被改变后,村社共同体的功能无法发挥,村社原本能够有效应对的问题如今都无法解决,以致集中爆发出来。

从全国来看,行政村的人口数量一般在 1000~2000 人。但农民上楼后所形成的新型农村社区人数要远超过这一人数,往往达到上万乃至数万人的规模。地方政府之所以要大幅度提升新型农村社区的人口密度,一般是基于以下三重考虑。

第一,人口高度密集的居住模式能够更集中地产生各种需求,从而带动地方第三产业的兴起,实现区域经济的发展。调研发现,在农民搬进新型社区后,由于具有市场需求,周围的商店、餐馆、洗衣店等也相继开张,地方的经济总量得到提升。

---

[1] 比如,2015 年,山东平度纵火案件造成一死三伤的局面震惊全国,事件发生的整体背景就是山东平度农村从 2011 年就开始的农民上楼和集体搬迁运动。

第三章　土地规模流转后的村社共同体变迁

第二，随着第三产业的发展，更多市场主体的涌入必将产生对土地的需求，从而带动周边土地的升值，为地方政府的"土地财政"提供可能。在新型农村社区的建设中，由于需要大量的资金投入，地方政府一般通过"土地财政"的方式来进行建设。建设的资金一般都需要开发商先行垫付，建成之后，地方政府对开发商的投资再进行偿还。但地方政府对开发商的偿还一般不是采取给予资金的方式，而往往以周围土地作价的方式让其进行商业和住宅开发。因此，一旦新型农村社区的人口密度达不到一定标准，周边第三产业的发展便受到影响，周边土地的升值空间就极其有限。

第三，人口的集中居住能够大大降低地方政府在水电、网络布局、道路建设、广场建设等基础设施建设上的成本。如果小区过于分散，地方政府对基础设施建设的投资也将过于分散，建设大型的社区避免了地方政府重复投资、减少了财政支出。因此，在这些因素的作用下，地方政府在建设新型农村社区的运动中具有一种"求大"的明显倾向。比如，按照2010年浙江J市的规划，全市原有的858个行政村17017个自然村将大幅"瘦身"，农村人口将集聚到47个新市镇和376个新社区。

然而，从社会管理的角度来看，大量人口的聚集却产生了一系列在传统村社中所没有的大量公共服务需求，从而增加了管理和协调的难度。以对治安的需求为例，在传统的村社中，由于村民之间相互熟悉，任何陌生人的进入都格外显眼。此外，邻里的相互帮助和相互守望都在无形中对诸如入室盗窃等犯罪行为提供了一种非正式的监控。近年来由于村社人口的流动，农村也频繁出现入室盗窃的案件，但是农村中的非正式关系毕竟为公共秩序提供了一道防线。随着农民搬进新的社区，依附在传统村社空间上的社会关系网络被打破，原本具有血缘和地缘关系的农民四散到各处。来自不同乡镇、不同村庄农民的集中混住使得社区不再是一个传统意义上的熟人社会。在这种全新的社会环境中，农民无法判断进出社区的人员究竟来自哪里。因此，传统村庄的监控机制失效，社区治安的维护必须依赖专业的保安机构。而且，在住进新型农村社区后，传统社会关系的弱化使得村民产生了极强的不安全感，这在某种程度上进一步强化了其对公共安全的需求。

再比如，相比于传统社区，农民集中居住后所产生的公共垃圾数量不仅庞大，而且产生速度较快。如果不能及时清理，在人口高密度居住的小区中，垃圾的堆积既占据大量的空间又产生让人无法忍受的气味。在近年来的农村社会中，生活垃圾污染日益严重，但在分散居住的格局下，农民的生活空间与垃圾的堆放处能保持一定的距离，这使得农民对生活环境的敏感程度远低于城市社区中的居民。正是由于农村垃圾的处理不如城市社区这般紧迫，在村委会牵头下，每隔一段时间组织村民定期对村庄的公共垃圾池进行清运就足以完成垃圾的处理问题。但一旦农民集中上楼居住，居住空间的改变既提升了农民对生活品质的要求，也凸显了垃圾问题处理的紧迫性。由于处理垃圾的频率较高、工作量较大，清理垃圾成为一项专门性的工作，需要专业性的服务机构来承担。

从理论上看，随着农民居住空间的集中化和社区化，社区应该引进专业的服务机构——物业公司。但作为市场主体之一，物业公司提供服务的目的是要获取利润，这就必须要以农民交纳相应的物业费为前提。问题是，要从几乎一夜之间转移到城镇生活的农民手中收取物业费并不现实。在浙江 J 县 YZ 镇的新型农民社区中，从 2011 年到 2013 年短短两年内，因为物业费太低且无法足额收取，连续有三家物业公司"跑路"。至 2015 年底，仍然没有物业公司愿意接手，该社区的公共服务基本依赖于政府的财政支持。按照保洁费每平方米 10.5 元的标准，2014 年该社区的这项开支在 120 万元左右，但农民交纳部分只有 19 万元，资金缺口只能依靠地方政府"埋单"。

从农民的角度来看，在上楼之后，生活开支大幅度增加，水电费的开支都是原来的 1~2 倍，如今还要他们承担价格不菲的物业费，他们的生活压力进一步增大。与农民在职业转换后主动进入社区生活的城市化路径不同，"农民上楼"运动一般发生在土地规模流转之后，并且是在未显著增加收入前提下的一种"被动城市化"。由于丧失了原有的土地保障，面对急剧增加的生活成本，农民想尽力减少货币化的开支，以维持自己生活水平不降低。调研中发现，为了节省燃气和电费，很多农民在搬进楼房后仍然在做饭时保持燃烧煤球、木柴的习惯，这导致楼房林立的小区中烟雾环绕，经常引起其他居民的反感和投诉。在农民千方百计降低自身货币开支的社会背景下，以从农民手中收取费用为前提的市场化服务常常面临着农民的集体性排斥。尤其是在那些地方政府强制推动农民上楼的地区，农民对于"上楼"本身就不情愿，面对"上楼"以后公共生活的失序问题，他们自然要把责任归结于地方政府，于是，他们更不愿意交纳物业费，市场化的服务机制根本无法建立。

在"农民上楼"以后，新型社区的治理普遍陷入困境之中，很多地方政府不得不调整之前对上楼农民的政策优惠和相应补贴。比如在浙江J县YZ镇，从2014年开始，地方政府对"农民上楼"后的各种补贴标准大幅度下滑，并开始允许农民在符合规划的前提下在村庄中自建或翻建房屋。然而，对于已经"上楼"的农民而言，由于原有的村社已经从空间上彻底消失，他们不再具有返回村庄居住的退路。一方面，在农民上楼后，传统村社共同体治理的机制解体；另一方面，新型农村社区还未形成有效的治理结构。可以预见，农民在新型社区中的生活困扰将长期存在。

（三）农民上楼与生活风险的加大

在农民上楼后，不仅社区中的公共生活出现失序，农民的个体生活也受到了影响。在村庄消失后，村社对农民的庇护功能丧失，农民的生存压力加大，其彻底被裹挟进充满风险的外部市场之中。

对于具有搬迁愿望或者在地方政府动员下勉强同意搬迁的农民而言，其之所以愿意"上楼"一般有以下的原因。

第一，子女结婚的需要。按照很多农村地区的传统，儿子结婚时父母要为其准备新房。但是在很多地方，地方政府为了引导农民进城，出台各种措施来限制农民在原有的宅基地上翻盖新房，农民要搬进新房就只能购买城镇的商品房或者参与"农民上楼"运动。

第二，为了让子女接受更好的教育。近年来，农村适龄儿童数量日益减少，农村地区的幼儿园、小学、初中等学校的教学质量日益下滑，很多年轻的父母希望通过房屋的置换进入城镇中心生活，从而让自己的子女接受好的教育。

第三，原有的社会关系和生活环境被破坏而被迫搬离。在村社中，由于不断有人搬出，而腾出的宅基地被复垦为耕地，原有的村庄日益凋零，这种状况不断给留守的村民施加了无形的压力。同时，亲友、邻居的搬离减少了留守者的社会关系，他们觉得在村庄"更加没有意思了"（村民语），索性也搬离了村庄。

但是，农民上楼却是要付出相应的经济成本的。即使在江浙等经济发达的地区，上楼后巨大的经济压力也常常让农民不堪重负。首先，即使在获得地方政府补贴后，农民还必须额外支付几万甚至十几万的现金差价。其次，住进新房要进行装修，添置家具。一般在上楼完成后，农民的积蓄基本上被掏光，很多人因为"上楼"不惜借债。在现有的经济收入条件下，社区化的生活成本超过了大部分农民的承受能力，农民要想维持正常的生活就必须获取更多的货币收入。在现实中，伴随着农民生活空间的集中化，农民的就业往往呈现离散化的趋势。正如农民所言，上楼之后，只要还能动，就必须去挣钱。那些本来想颐养天年，享受天伦之乐的农民，在体力允许的条件下，也不得不延迟甚至打消这些想法。

对于那些本身不愿意搬迁的村民而言，上楼以后的生活更是直接受到影响。相比较而言，这部分农民年龄偏大，一般不具有从事非农就业的可能。原来，他们的经济收入一是依靠土地的经营收入，二是依靠来自庭院经济的收入，比如在自己家的小院中饲养家禽、种植蔬菜等。随着年龄的增大，即使在体力不适合耕种土地后，这部分农民从庭院经济中获得收入和保障仍然是可能

第三章 土地规模流转后的村社共同体变迁

的。然而,在农民上楼后,庭院空间的消失导致庭院经济成为不可能。有地方在部分新型农村社区内单独设立家禽饲养的公共场所,但由于与农民居住空间的远离,其已经不具备传统庭院经济本身所具有的便利优势。而且,由于社区所能提供的地方有限,为了防止农民一哄而上争抢土地,社区的管理机构不得不收取一定的费用。但如果费用过高,产值本身就不高的庭院经济就不会吸引农民前来使用。而如果费用过低,又起不到抑制农民哄抢公共土地的作用。现实中,一旦农民上楼,通过划定正式空间来延续农民庭院经济的尝试普遍都遭遇了失败。

相比于传统的村社生活,新型社区的生活是建立在较高的生活成本基础之上的。从经济发展的一般规律来看,随着农民身份和职业的转化,农民逐渐从传统村社进入城市社区生活,但是,当前"农民上楼"运动的出现并非经济发展和城市化的自然结果。在经济收入未能实质性增加的前提下,农民的生活方式却已经城市化。在社会保障体系还未建立起来的前提下,生活方式的现代化无疑给农民带来了巨大的经济和精神压力。为此,在"上楼"后,农民一方面要尽量"开源",寻找工作机会以增加收入;另一方面则要"节流",压缩生活中的各种货币化开支。由此,社区中的市场化服务难以产生,这又加剧了社区公共生活的失序。因此,如果说"农民上楼"运动加快了中国城市化的速度并在一定程度上改善了农民居住环境的话,那么其所产生的社会后果则是将农民推向了一个更加紧张的生活状态之中。此时,由于农民具有强烈追逐货币的愿望,各种传统的社区生活因为不能转化为财富而丧失了存在的价值。在这个意义上,新型农村社区不仅无法延续传统社区中的习俗和公共活动,反而将各种传统彻底清空。

农民生活上的压力能否转化为经济进一步发展的动力呢?或者说,在"农民上楼"后,地方政府彻底切断了农民与土地的关系,这能否"倒逼"农民增加经济收入,进而实现真正意义上的市民化?从短期来看,随着农村劳动力的进一步释放,以及外部就业机会的存在,仍然具有劳动力优势的农民具有收入增长的可能。但是，从长远来看，农民收入的增长却面临着高度的不确定性。如上所述，中西部农村中老年农民的主要就业领域为建筑行业，当前大规模的房地产和公共工程的建设为其提供了工作机会。但这种依靠政府大量投资的粗放型经济发展模式并不具有可持续性。一旦城市建设基本完成，或者遭遇经济下行，农民的就业机会将受到直接影响，高成本的社区化生活将更加难以维系。

在传统的村社中，依靠土地和低廉的生活成本，农民具有抵抗外部市场风险的有效手段。即使外出打工进入城市，但村社的存在为其提供了返乡的退路。由于具有村社的庇护，虽然无法过上现代化的城市生活，但很多农民依然能够保持闲适、安逸的生活态度，传统"消遣经济"（费孝通，2006）的本色得以延续。如今，随着"农民上楼"的完成，农民被强行裹挟进了充满风险并不确定的外部市场之中。一方面，现有的经济发展模式无法带来农民"市民化"的身份转型；另一方面，依托庭院和土地耕种的生活方式也已经被改变，农民在新型社区中的生活状态既区别于现代城市社区中的市民又区别于传统村社共同体中的农民。在这种尴尬的处境下，农民群体的集体性焦虑必将长期存在，这正是"农民上楼"运动所产生的社会后果。

随着村社共同体的瓦解，传统的地方规范失效、社会结构失调、社区公共生活和农民生活失序等问题相继出现，盲目地推动土地规模流转的做法完全忽视了农民和村庄可能付出的社会与治理代价。土地规模流转所带来的不仅仅是土地经营主体的变化，更是村庄治理的转型和再造。然而，对土地流转的研究始终被效率话语所支配，以致政学两界对土地流转后的村社治理问题都缺乏足够清晰的认识。随着土地规模流转带来的传统村社共同体的瓦解，农村社区需要新的治理结构与之匹配，否则，基层社会的稳定将面临重大挑战。

第四章　规模经营失败后的基层治理困境与治理风险

土地规模流转瓦解了传统的村社共同体，村社的治理将面临全面的转型。然而，土地规模流转所带来的问题却不仅仅限于此。一旦规模经营失败，其所产生的影响就更为复杂和深远。为什么规模经营会最终失败？谁又要为规模经营的失败负责？基层社会的利益主体又是如何来应对规模经营失败后的治理困境？本章对此展开分析和讨论。

一　规模经营为什么会失败？

在中央的政策支持以及地方政府的积极推动下，农村土地的规模流转直接形成了土地的规模化经营，经营数千亩乃至数万亩的新型农业经营主体日益增多。在土地规模经营的形成中，地方政府扮演了直接推动者的角色，但是土地规模经营能否持续、良性地运转下去，还取决于规模经营者的市场生存能力。而从规模经营的结果上看，很多地区的规模经营是失败的。其原因有以下几点。

第一，土地经营性质的改变导致劳动力价格外显和劳动力供给的短缺。在土地规模经营形成后，由于土地面积巨大且老板不可能亲自参与劳动，土地的经营主要依靠被雇用的农业工人来完成。与家庭经营条件下农民为自己耕种土地不同，规模经营中的农业劳动者都是为资本打工，要获取资本所支付的劳动报酬。由此，原本在家庭土地经营中被掩盖的劳动力成本问题凸显。在家庭经营的条件下，尽管土地的产出和利润有限，但由于是为自己劳动，农民从未将自己的劳动力投入计算为土地耕种的成本。而一旦农民不再为自己劳动，那么其本身的劳动力付出就要求得到货币化的补偿。在当前农村青壮年劳动力大量外流的社会条件下，农村劳动力的市场价格已经形成，农业经营者必须支付不低于第二、第三产业的平均劳动力报酬才能吸引劳动力的回流，而这对于产业利润本身就较低的农业而言无疑是一项沉重的负担。在安徽F县，近年来小工的工资不断上涨，在2013年时，农忙季节青壮年每天的工资就已经达到150~200元。如果每亩地的平均雇工是2个，那么每亩地的劳动力成本在300~400元——这已经接近甚至超过当地土地产出的纯利润。

　　劳动力成本的出现不仅加重了农业资本的负担，还极大地抑制了农业日常管理的灵活性，导致农业的抗风险能力降低。在安徽F县、湖南H县，在水稻收割时经常遭遇大雨、大风天气，由此带来水稻的倒伏现象严重，这给收割带来极大不便。对于家庭经营者来说，水稻的倒伏虽然增加了劳动的强度，但并不是一个严重的、不可克服的问题。只要自己辛苦一下，倒伏的水稻同样可以收割，而如果实在忙不过来，就请自己的亲戚朋友帮忙，或者加班加点，总之想尽一切办法来收割倒伏的水稻。但规模经营者却不具备这种灵活性。一旦出现大面积的水稻倒伏，在现有的农业科技条件下，大型的农业收割设备无法发挥作用，只能雇用大量的劳动力进行人工收割。在农忙时期，劳动力的价格每天150~200元，如果一个规模超过1000亩的土地经营者雇用100个劳动力用于倒伏水稻的收割，那么其一天的支出就在15000~20000元。与其通过雇用劳动力收割水稻，不如就此放弃倒伏的水稻，因为前者所要花费的劳动力成本已经接近甚至超过欲收割水稻本身的价值。于是，在这种时候，资本只能眼睁睁地看着水稻减产而无所作为。

　　对于规模经营者而言，更糟糕的情况是常常面临着劳动力短缺的困境。在土地的规模化经营中，充分发达的劳动力市场是农业生产顺利进行的关键。但是，在当下的社会经济条件下，农业

第四章　规模经营失败后的基层治理困境与治理风险

图 4-1　安徽 F 县被雇用的农业工人的劳动场景

规模经营却缺少一个与之相配合的劳动力市场。一方面，在农村劳动力大量外流的条件下，劳动力的绝对数量在减少；另一方面，农业生产的季节性特征与农村劳动力所要求的稳定就业期望之间存在矛盾。以种植 1000 亩水稻的规模经营者为例，在农忙时其对劳动力的需求在 100 人以上，但水稻的日常管理则只需要 10~20 人就可以完成。对于村民而言，尽管在农忙季节可以获得不低于外出打工的收入，但是仅仅能上班几天的工作机会根本不足以吸引农村劳动力留守在村庄中。正如以上提到的湖北 S 公司，为了解决采茶期间的劳动力问题不得不派专车到临近陕西省的山区中寻找劳动力。该公司不仅要支付劳动力的工资，还要承担劳动力的所有出行和食宿费用，劳动力短缺和结构性失衡的困境导致规模经营的劳动力成本加大[①]。

第二，土地经营性质改变所带来的以雇佣劳动为主的管理方

---

① 如果要解决农业工人供给的不稳定问题，其中一个方法就是采取类似工厂体制的雇用长期工人。但是，在有限的农业产出条件下，短期雇工的劳动力成本已经成为规模经营者的负担，雇用长期性的农业工人并不现实。

式不适应农业生产的规律和特征。建立在农业规模化基础上的农业现代化模式一般是以美国、加拿大等国家的农业模式为代表。在这些国家,由于人少地多,土地的集中程度较高。但是,即使在这些国家,农业经营的主体仍然是家庭。据统计,在全美2007年属于公司性质的农场有96000个,合作农场为174000个,家庭农场则达到190万个。到2010年,美国的家庭农场进一步增加到220万个[1]。而放宽历史的视野,在人类农业文明的发展历程中,土地的家庭经营是大多数国家与社会中的一种更加常态的农业生产组织方式。无论是其他国家的经验还是历史都已经证明:相比于其他农业组织方式,以家庭为单位的经营方式能够更好地适应农业生产的特征。

首先,与工业生产能够集中在一个特定的封闭空间不同,一旦土地经营面积过大,农业生产就发生在一个高度开放且广阔的空间内。由于土地劳动者只是被雇用的劳动工人,土地经营者必须要对劳动者进行有效的监督。然而,在这种空间格局下,要想实现对劳动者的监督就必须有足够数量的管理者,但农业的有限剩余根本不足以维持如此庞大的农业管理组织。相反,如果劳动者是在为自己劳动,土地经营的好坏直接影响家庭的收入,劳动者不需要任何来自外部的监督。在某种程度上,从人民公社制度到家庭联产承包责任制的推行,农村生产力之所以出现巨大的进步正是因为恢复并承认了家庭在土地经营中的主体地位。

其次,标准化的管理不适合农业生产的非标准化特征。在雇佣劳动的模式下,劳动者的收入并不直接依赖于土地经营的好坏,而是来自农业资本支付的工资。于是,他们只需接受上级管理者布置的工作任务,即使在监督有效的条件下,其能做到的也无非是认真完成分内的工作。但问题在于,由于农作物的生物特性,农业生产管理的过程往往需要农业工人的劳动具有机动性和灵活

---

[1] 中华人民共和国财政部网站,2014年7月8日,http://www.mof.gov.cn/mofhome/guojisi/pindaoliebiao/cjgj/201407/t20140708。

第四章　规模经营失败后的基层治理困境与治理风险

性的特点，被雇用农业工人却无法做到这一点。

  ZY 是浙江 J 县经营蔬菜的大户，她经营 350 亩的大棚蔬菜。由于种植蔬菜对劳动力的需求较大，ZY 及家人不仅自己劳动，还要雇用大量的劳动力，尤其在采摘季节每天都要雇用 30 人左右。在评价雇工的劳动时，她认为雇工普遍"认真但不用心"。在农业生产中，由于作物类型多样且面积较大，她无法掌握每片区域蔬菜的具体生长情况，而只能根据总体的生长情况安排农业工人的劳动任务，比如打药、施肥、除草，等等。但是，农作物的生长中却存在各种偶发情况，往往需要工人在劳动中发现情况并进行机动性处理。比如在打药时发现部分蔬菜出现杂草问题，就要及时地调整工作内容而做到因地制宜。但在工厂化的管理模式下，农业工人根据实际情况进行灵活处理的主动性丧失了，他只需根据管理者的要求工作即可——管理者既然没有安排，自己又何必自找麻烦呢？面对亟待处理的农业问题，农业工人们往往熟视无睹。从管理的角度看，这样的工人并没有过错，他是农业管理者命令的严格服从者。为了解决农业管理的问题，ZY 就只能自己和亲友尽可能多地参加劳动。下一步她打算和自己的四姐妹家庭联合经营蔬菜大棚，以此来避免雇用农业工人的弊端[①]。

由于家庭成员的利益高度一致，且存在血缘关系，家庭之间的合作不仅不存在对劳动力的监督成本，还能够保障劳动者的积极性和主动性。在这个意义上，家庭不仅是一个情感单位，还是一个重要的生产组织方式，它有效地克服了现代管理体制中科层化的弊端，从而最大限度地适合了农业生产的规律和特征。当前土地大规模经营所面临的高昂生产成本与管理困境在很大程度上

---

① 2014 年 7 月 20 日浙江 J 县 ZX 村 ZY 访谈资料整理。

图 4-2 ZY 的大棚蔬菜

正是因为其背离了传统的以家庭为单位组织农业生产的结果。

第三，现有的农业机械化水平还无法满足土地规模经营的需要，并极大地抬高了农业生产的成本。如果要克服劳动力成本和管理的困境，一个可能的方式就是采取农业机械化，以尽可能地减少对人工的使用。在美国，家庭之所以能够经营面积很大的农场正是得益于高度发达的农业科技和农业机械。一旦所有的农业环节都能够通过农业机械完成，农业生产中的劳动力成本问题就得以解决，管理者亦不需要再对劳动力进行监督。然而，在中国农业的科技水平和种植结构的条件限制下，农业生产仍然无法摆脱对人力劳动的使用。

首先，现有的农业机械无法应对复杂的地理环境和农业劳动需要。比如在江苏 S 县，一直以来在水稻的播种环节主要靠撒播、抛秧等人工劳动，缺少合适的农业机械。2010 年后，大型插秧机在当地出现，相比于人工插秧，机械插秧省时省力，但是机械插秧的效果并不稳定，尤其是在地势不平坦的丘陵地带，插秧的效果仍然不如人工。再比如，在经济作物的种植中，作物的日常管理尤其是采摘环节往往需要较灵活且细腻的农业劳动，农业机械远远不能适应这种劳动需要。退一步讲，在大多数农业生产环节，即使实现了机械化，机械的运作也需要人工的辅助。显然，在现

第四章 规模经营失败后的基层治理困境与治理风险

有的农业机械和科技水平下,农业生产仍然无法离开人的活劳动。

其次,农业机械化的使用中断了传统农业中的"精耕细作"传统,其自身又无法实现新的"精耕自作"。相比于美国等国家以玉米、棉花为主的种植结构,中国农村的作物普遍是需要"精耕细作"的作物。在发达地区,随着农业产业结构的调整,瓜果蔬菜、花卉等的种植日益普遍,这些作物更需要"精耕自作"的劳动方式。长期以来,"精耕细作"传统是中国乃至东亚农业高产的重要保障。然而,"精耕细作"的维持主要依赖具有灵活特征的"活劳动"。在安徽F县,当地有"亲戚三年一趟不为少,下田一天三趟不为多"的俗语,以此来描述小农对土地耕种的细致程度。土地不仅是一种生产资料,而且是生活意义的载体,长期耕种土地的农民对土地的感情极深。即使在农闲时期,他们也会频繁地到田间地头看看水稻的长势,照料一下农田,眼中甚至"容不下一棵杂草"。与之相比,由于土地面积巨大且自身不参与劳动,土地的规模经营者主要依赖农业机械的使用,但依靠现有农业机械完成的农业生产只能是一种粗放式的经营方式,作物亩产的下降不可避免[①]。

最后,农业机械以及相应基础设施的投资极大地增加了农业经营的成本。在当前的社会经济条件下,家庭经营者农业生产的大部分环节同样实现了农业机械化,但是,他们主要以市场交易的方式获得外部农业机械市场的服务。比如,每逢收割季,各个地方都会出现大批的流动收割机队伍,他们依靠农机的专门化服

---

① 在农业经济学的研究中,存在土地效益与规模经营成反比关系的结论。罗伊·普罗斯特曼列举世界银行对肯尼亚小农场和大农场的对比研究表明,规模在 0.5 公顷以下的农场每公顷单产是规模在 8 公顷以上农场的 19 倍,前者的劳动用量也是后者的 30 倍;在印度,规模在 2 公顷以下的农场每公顷土地收入比规模在 10 公顷以上的农场高出 1 倍多;在巴西,每公顷土地的纯收入随着农场规模的增加而递减,规模不到 1 公顷的农场每公顷土地纯收入比规模在 1~10 公顷的农场高出几乎 2 倍,比规模在 200~2000 公顷的农场高出 30 倍。参见罗伊·普罗斯特曼等《中国农业的规模经营:政策适当吗?》,《中国农村观察》1996 年第 6 期。

务获取农业利润。但对于规模经营者来说，为了减少成本，其一方面要摆脱对劳动力的需求，另一方面也要尽量摆脱对外部农业服务市场的需求，尽可能地实现农业服务的自给自足。为了降低成本，规模经营者的土地面积越大，其就越要摆脱对第三方服务的需求，从而购置更加齐备的农业机械。以下是安徽F县一位经营1150亩土地的大户谷某所购置的农业机械设备以及其相应的基础设施投资。

表4-1 谷某在农业机械设备和农田基础设施上的投资

设备	数量	单价（万元）
大型拖拉机	4台	5.5
收割机	2台	4.6
小型拖拉机	4台	0.5
水泵	15个	0.04
烘干机	3台	12
喷雾器	15个	0.03
播种机	1辆	1.2
旋耕机	4辆	0.3
犁	2个	0.17
仓库修建	1个	80
拖板	4个	0.17
合计		153.67

从表4-1可以看出，在这所有农业机械中，价格最昂贵的设备是烘干机。事实上，这个设备是家庭经营者根本不需要的。对于他们来说，粮食烘干只需在空场地晾晒就可以完成。然而，规模经营者的粮食晾晒不仅要耗费巨大的人工成本，而且需要足够面积的空地供其使用，这在农忙时节几乎是不可能的。因此，一旦经营面积过大，烘干机是必须添置的设备。同样道理，规模经营者需要专门的并具有足够面积的粮食储藏仓库，这项基础设施建设的投资更是巨大。从正面功能上看，规模经营的普遍化带动

第四章 规模经营失败后的基层治理困境与治理风险

了农业机械制造和交易市场的繁荣,这不失为拉动经济的一个重要引擎。而且随着农村劳动力的转移和减少,农业机械化水平的提升仍然关系到中国农业未来的可持续发展。但是,在土地的产出无法增长甚至下降的条件下,农业的机械化和基础设施投入却成为规模经营者的巨大负担,以致这种"高成本 - 低产出"的农业生产模式难以为继。

图 4 - 3 农业资本新引进的新型杀虫害设施

由于以上的原因,土地的规模越大,作物的单位面积产量越低,经营者的亏损越严重。以下是将固定资产的成本按照使用寿命平摊到每年后,再根据土地的成本 - 收益情况计算出的安徽 F 县 P 镇 6 户种植大户连续两年的盈亏状况。

表 4 - 2 安徽 F 县 CP 镇 6 个种植大户的盈亏情况

经营者	所在村庄	面积（亩）	2009 年经营状况	2010 年经营状况	备注
许某	SH 村	1061	亏损 20 万元（左右）	亏损 18 万元（左右）	亏损后将土地二次转包给其他大户
谷某	SH 村	1150	亏损 20 万元（左右）	亏损 15 万元（左右）	2010 年将 300 亩土地转包,从而减少了损失

113

续表

经营者	所在村庄	面积（亩）	2009年经营状况	2010年经营状况	备注
陈某	SH村	730	亏损30万元（左右）	基本持平	2010年改变种植结构，实行"稻-麦"连种，2013年退出农业领域
杨某	XT村	650	亏损15万元（左右）	亏损15万元（左右）	2014年退出农业领域
鲁某	XT村	2000	亏损30万元（左右）	亏损30万元（左右）	亏损后将土地二次转包给其他大户
曹某	XL村	2600	亏损50万元（左右）	亏损50万元（左右）	2013年退出农业领域

总之，当前土地的规模经营因为不具备相应的社会、经济和科技条件而不可避免地走向了失败。从源头上看，由于这场运动的发起者是地方政府，因此，运动失败不仅是资本经营的失败，更是地方政府农业治理的失败。在这场运动中，地方政府想象了一幅建立在规模经营基础之上的现代农业图景并为之持续努力，但却忽视了传统农业的韧性和地方性农业知识的独特价值，从而一开始就为农业规模经营的失败埋下了伏笔。正如斯科特所言，20世纪以来，当局者非常自负地以改善人类状况为目的而启动的一些项目，往往是以失败告终。基于若干极端现代化意识形态，也可以说是一种强烈而固执的自信……他们特别相信，随着科学地掌握自然规律，人们可以理性地设计社会的秩序（斯科特，2011a：108~112）。

但是，规模经营的失败仅仅只是基层治理困境的开始，其还将引发一系列的政治与社会后果。

二 规模经营失败后的"权力-资本-农民"关系

由于在土地流转中的积极推动作用，地方政府自然要为规模经营的失败兜底。既有的研究关注的是土地流转的"前半段"，即地方政府如何通过权力的动员来推动土地流转的发生（郭亮，2011；吴越，2009）。但土地流转还有"后半段"，对土地规模经营失效后地方政府如何来进行应对的经验观察还不多见。正是在这个过程中，地方政府表现出了窘迫和被动——这种尴尬的处境与其前期在推动土地流转时的亢奋形成鲜明的反差。

（一）"地方政府－资本"的结盟模式

对于规模经营出现的困境，地方政府不可能坐视不管，最初是通过各种手段予以扶持，比如为规模经营者进行税收的减免、提供各种政策的便利以及以政府采购的方式帮助农业公司消化部分产品，等等。除此之外，在当前国家重点扶持农业的政策背景下，地方政府对规模经营者最大的扶持则是为其争取来自中央和省级的农业专项资金或者贷款。作为风险大、收益低的弱势产业，中央和省财政每年有大量涉农资金的转移支付和项目下拨，包括种粮大户补贴、农业机械补贴、种子补贴、农业保险补贴、各种农业专项资金以及惠农贷款，等等。规模经营者之所以进入种植环节，除去地方政府的积极引入之外，他们的一个重要目的就是要获得国家的项目资金和各种补贴。而在经营陷入困境之后，他们更加希望国家补贴和专项资金的增加。比如，湖北 CH 集团在流转 3 万亩农田后，粮食单产只能维持在 400～500 斤，而原来农民的单产一般在 700～800 斤。为了解决目前的经营困境，湖北 CH 集团要求地方政府实现当初的承诺，为其争取来自省里的专门支持农业发展的无息贷款。

从经营的规模上看，土地规模经营从上千亩规模到数万亩乃至几十万亩的规模不等。从交易成本的角度来看，由于要与数量庞大的分散小农进行价格谈判，单凭资本本身力量难以实现整齐划一的土地连片流转。因此，土地规模经营的面积越大，政府的推动作用就越发明显。如今经营陷入困境，资本就理所当然地认为地方政府应该负责。不仅如此，地方政府也担心规模经营失败出现严重的负面后果。在国家推动农业转型的政策背景下，农业规模经营是地方政府做出的一项重要农业改革试验,规模经营的失败直接影响自身的政绩。尤其是那些获得省、市级荣誉称号的各类农业龙头企业,其往往是地方农业改革的标志性成果。一旦失败,意味着地方政府的努力都归于失败,由此将极大地影响地方政府主要领导在体制中的发展机会。而且,土地规模经营涉及土地流转的农户较多,一旦运转不下去,他们就无法获得本来应该享有的土地流转费用,这极易引发农民的群体性事件。考虑到这种局面可能出现,面对经营不善的规模经营者,地方政府必须为其争取各种国家补贴和专项资金,尽最大努力防止其失败。由此,在土地流转完成之后,地方政府仍然无法从农业经营这一经济领域中抽身而出,而是继续加大扶持,由此扰乱了农业经济活动中优胜劣汰的市场规律。

江苏 P 县的户某兄弟二人与周某在 2012 年开始合伙建设草莓基地,他们先后以每亩 1000 元的价格流转土地 870 亩,共建设联体大棚 23000 平方米,总投资 300 多万元。相比于粮食种植,草莓等水果基地的建设不仅需要大量投资,还需要雇用大量的劳动力从事日常管理和采摘。因此,虽然土地面积有限,但因为种植的是劳动密集型的经济作物,户某等三人的经营模式已经具有了粮食种植领域大规模经营者的一般特征。为了能从不同渠道获得补贴,他们不仅注册成立了农业公司,还注册了农民专业合作社以及家庭农场,采取的是"一个实体、多个牌子"的运作模式。表 4-3 是他们在县级职能部门中所获得的各种项目资金和扶持。

表 4-3 户某等获得的资助

单位:万元

县级部门	支持方式	支持额度
劳动与社会保障局	现金	3
科技局	为其购买电脑、打印机等设备	5

第四章 规模经营失败后的基层治理困境与治理风险

续表

县级部门	支持方式	支持额度
气象局	修建大型 LED 气象显示屏	1~2
县统战部	修建园区道路补助	5
县人大	现金	5
县农业开发局	专项项目	71
县农委	专项项目	65

最近几年，由于草莓价格波动较大，且因自身在种植技术、销售等环节都存在问题，2014年开始，户某等人的经营陷入亏损境地，原有的合伙公司解体。户某兄弟二人和周某按照当初投入的股份，分别经营相应面积的土地，目前的草莓基地由他们三家单独经营①。

国家部委和省厅局等职能部门都掌握大量的资金，与之相对应的县级职能部门能申请到项目资金，并决定项目资金在本区域内的具体使用方向。而对于县政府重点打造的农业龙头企业或者其他新型经营主体，一般由县农业部门牵头各个职能部门将原本分散的项目资金集中投放到其身上，以产生推动农业发展的立竿见影效果。不仅如此，在一些国家贫困县，为了响应中央和省委"产业扶贫"的号召，县政府甚至将专项的扶贫资金和一般项目资金打包处理，集中投向那些能带动农民致富的农业公司。比如，湖北Z县为国家级贫困县，2012年国家的专项扶贫资金和一般扶贫资金总数在18亿元左右。在这种政策导向下，原本"撒胡椒面"式地投向贫困农民的资金日益向具有一定规模和发展潜力的农业公司集中，当地一家大型的茶叶企业据此兴建了耗资数百万的农业喷灌设施。

---

① 2015年12月17~19日江苏P县Y镇调研资料。

图 4-4　湖北 Z 县茶园中新修的水泥路

面对资本经营的困局，地方政府予以大力扶持和帮助，但与此同时，由于始终无法从市场中获得财富，资本就更加依赖地方政府的分配性资金。这个时候，即使对地方政府当初推动土地大规模流转心存不满，他们也不可能表现出来。尤其是在区域内存在若干个规模经营者的情况下，谁能获得项目资金、谁能获取更多的项目资金并不确定，这一切都要由地方政府决定。为此，土地规模经营者必须全力地配合地方政府的工作，千方百计地维持良好的关系，以有利于申请项目资金。在这种现实考量下，当面临失败的风险时，土地规模经营者没有将精力放置在如何提高规模经营的管理水平、如何提高生产效率等环节——这些更为根本的问题上，而仍然不断地加大与政府官员的联系力度，甚至不排除使用一些不当手段。调研发现，在很多规模经营中，由于劳动力的短缺以及资金的紧张，土地正出现大面积的荒芜，这完全是一种新类型的"土地抛荒"①。但即使无法耕种土地，由于具有项

---

① 传统的土地抛荒在一些地区出现，尤其是在一些山区和丘陵地区，因为耕种不方便，且缺少流入土地的市场主体，农民宁愿出去打工而不愿意从事土地耕种，农业的比较效益偏低以及外出选择机会的出现等当前土地抛荒的主要原因。

第四章　规模经营失败后的基层治理困境与治理风险

目资金的期待，土地规模经营者也不会立即退出农业生产环节。从后果上看，政商关系的紧密结合不仅损害了地方政府的合法性，也极大地损害了农业生产力。

进一步的问题还在于，项目资金虽然帮助规模经营者暂时渡过难关，却不足以从根本上改变农业资本在种植环节中的先天性缺陷。随着项目资金的减少，大规模土地经营的失败仍然不可避免。但是，在这种地方政府和资本结盟关系的影响下，规模经营的失败风险却被掩盖，土地规模经营的"表达"与"实践"相背离的现象日益凸显。比如在安徽F县，经营1000亩以上土地的大户普遍以200~300亩的规模将土地二次承包给其他经营者，通过收取略高于流入土地租金的价格赚取差价，自己成为不再从事土地具体经营与管理的"二地主"（农民语）；湖北X区，CH集团也开始将部分土地分批次二次转包。二次转包事实上宣告了土地规模经营的失败，由于流转的合同没有到期，原有的规模经营者仍然是土地的法定流入方。农民将土地流转给资本，资本再将土地二次流转给其他经营者，这样的一种流转方式不仅对于农业生产财富的创造毫无意义，而且还使得资本成为土地经营中的"寄生虫"。针对这些现象，出于自身的利益需要，一些地方政府虽然在口头上反对但事实上却默许了这种情况的存在。

国家原本希望通过资本下乡的方式来带动农业生产力的提升，但资本的到来不仅没有增加农业的财富，反而成为对既有财富的再分配主体；实现规模经营本来是一场农业生产组织方式的变革，但是在基层治理逻辑的影响下，其反而更多地在满足地方政府政治需要。由于互相需要，基层的权力和资本实现了一定程度上的结盟，基层的政商关系进一步恶化。

（二）"农民－地方政府"冲突模式

相比于地方政府和资本结盟，土地规模经营的失败还产生了另外一种后果，即资本的逃离所引发的农民与地方政府的冲突。由于巨大的亏损，且缺少接手土地的后续经营者，在推行规模经营较早且规模较大的地区,资本逃离的现象已经接连出现①。一旦资本逃离,其经营失败的残局只能由地方政府来收拾,农民与地方政府之间的矛盾和冲突便立即凸显。从矛盾的发生强度、内容和地方政府的应对方式上看,规模经营失败后农民与地方政府的冲突主要分为三种类型。

第一种类型:农民要求地方政府垫付资本逃离后的土地流转费用。按照合同,农民有权获取流转期间土地的流转费用,尽管规模经营失败,但这并不能成为不支付费用的正当理由。而且,在很多地方,为了打消农民的顾虑以推动土地流转,土地流转的合同一般都是在农民和村委会或者农民和乡镇农业部门之间签订,之后再由村委会或者乡镇农业部门与外来资本签订流转合同。因此,资本经营的好坏并不影响农民土地流转费用的获得,农民的诉求是合情、合理、合法的。

> 南京 L 区的 SC 蔬菜专业合作社于 2010 年注册成立,是一家主要从事规模化蔬果生产、蔬果恒温保鲜、礼品盒菜、蔬果专业配送等方面的农业合作社。按照合作社成立之初的设想,该合作社将为农民开展设施蔬菜、有机蔬菜的技术培训,大力推广蔬菜新品种、新技术,从而带动周围农户共同致富。在 2010 年时,该合作社拥有 400 亩的大棚蔬菜,2014 年则达到 1500 亩,并计划在 2016 年发展到 3000 亩,总投资 1.4 亿元。地方政府高度重视该合作社的发展,以下是当年的地方报纸报道:"'一业兴百年旺'。今年 SC 蔬菜专业合作社接下了 5300 万元的蔬菜出品订单,主销日本、韩国等国家。这样,周边村有 120 余名劳力常年在 SC 基地打工,季节性用工 200 余人。农民在自己的责任田里打工,不仅有每年的土地

---

① 可参见相关报道《河北上千亩流转土地被毁约弃耕、地租难以兑现》,《中国青年报》2015 年 4 月 20 日;《规模经营不单是土地的集中》,《人民日报》2013 年 9 月 29 日。

第四章　规模经营失败后的基层治理困境与治理风险

租金,还有人均 3 万多元的年收入。与此同时,SC 蔬菜专业合作社还带动周边村 25 家农户,发展蔬菜生产和经营,指导菜农种菜,帮助菜农卖菜。前两天,在市商贸局的支持下,SC 蔬菜专业合作社已着手在南京和 L 县城,分别开设两家平价蔬菜直销店,以丰富市民的菜篮子。"

正在大力宣传该合作社的气氛还未散去的时候,由于经营不善,该合作社因为资金链条断裂很快陷入严重亏损的境地。面临巨大资金压力的合作社老板不知去向。2014 年 7 月,流转土地的农民无法得到当年的土地租金,就开始聚集在村委会要求其兑现租金承诺,不然就拿走该合作社的大棚等设备。面对有可能发生的群体性事件,村委会及时上报乡镇政府,乡镇政府紧急成立专门的工作小组制订应对方案,并从地方财政中拿出 80 万元垫付流转租金①。

在这一案例中,农民的诉求相对单一,即只要求乡镇地方政府支付相应的费用。由于当地大量的非农就业机会的存在,多数农民仍然愿意继续流转土地,因此给地方政府施加的压力相对较小。而且,地方政府拥有相对雄厚的财政实力,拿出经费安抚农民也并非不可能。因此,在这种情况下,一旦农民将问题闹大,地方政府秉持的是"人民矛盾人民币解决"的原则。在自身的能力范围内,一方面通过财政埋单来暂时平息事件,另一方面则积极引进新的农业资本接手。幸运的是,在这起案例中,通过缩小土地规模的办法,在地方政府的反复动员和优惠承诺下,最终有四家资本愿意接手该合作社的土地。

第二种类型:农民要求地方政府归还土地。地方政府通过支付费用的方式暂时平息了农民的不满,但是土地流转费用的支付却必须建立在有效率的经济活动基础之上,因此,地方政府要从根本上解决这个矛盾只有两种方式。第一种方式是引入新的资本

---

① 2015 年 7 月南京 L 区 LF 镇农业经管站站长访谈资料。

接手上一任的烂摊子，第二种方式则是将土地重新返还给农民。从地方政府的角度来看，第一种方案是首选，如此才能既不出事，又能继续维持土地规模经营的运转。但是，在经济下滑的整体背景下，不仅欲接手的资本数量有限，且随着外出打工机会减少，和农村中返乡农民的增加，他们利用这个机会要回自己的土地的愿望日益迫切。除此之外，在经历了外出打工、经商等各种行业的体验后，一部分村民也想在农业中谋得发展的机遇，希望能够经营一定规模的土地以获取产业利润。在资本经营失败后，他们也想利用这次机会要回并且流转部分土地。

但是，农民要回土地的诉求不可能被满足，土地规模流转的不可逆性特征凸显出来。首先，重新分配土地的过程复杂以致具有官僚惰性的地方政府和村委会都不愿意承担这项工作。在土地规模流转后，由于土地的整治与平整，土地的传统边界已经丧失，这导致原本以家庭为单位的土地占有格局已经完全被打乱。如果要进行重新分配土地，不仅要对土地重新进行丈量，还要考虑到土地的地理分布、离道路水源的远近等因素对土地耕种所产生的不同影响，以做到土地分配的公平，由此使得重新分配土地的工作量巨大。而且，原有农民的承包土地本身就在土壤质量、灌溉条件以及交通位置上存在差异，在土地重新分配时如何兼顾之前土地的事实，进而要满足不同农民的心理期待同样棘手。正是由于难以做到绝对公平，分田过程中的矛盾和冲突就不可避免。因此，调研至今我们未发现由基层政府或者村委会主导的重新分配土地的案例。

其次，重新分配土地在法律和政治上存在风险。按照《土地承包法》第27条规定：承包期内，发包方不得调整承包地①。在

---

① 《土地承包法》规定："因自然灾害严重毁损承包地等特殊情形对个别农户之间承包的耕地和草地需要适当调整的，必须经本集体经济组织成员的村民会议三分之二以上成员或者三分之二以上村民代表的同意，并报乡（镇）人民政府和县级人民政府农业等行政主管部门批准。土地规模流转后的调整土地事由并不在土地调整的法律规定情形之中。"

第四章 规模经营失败后的基层治理困境与治理风险

土地规模流转后,土地的空间被打破,村委会和地方政府在分配土地时必须要进行土地的重新调整,从而触及《土地承包法》的相关规定。正是存在法律上的风险,那些在重新分配土地中感受到不公平的村民就可能利用这一点进行维权、上访等,从而给地方政府造成巨大的政治压力。

不仅如此,土地的重新分配将激发农民社会中原本就存在的人地矛盾。从全国来看,自从2004年《土地承包法》颁布实施以来,根据村社人口变动进行土地调整的现象大面积减少,"生不增、死不减"的土地制度实践逐渐代替了"三年一小调、五年一大调"的土地制度实践。然而,十多年来,村庄人口的变动带来的土地占有不均现象日益严重,尤其是人口增加的家庭急切需要村组集体调整土地,以增加自己的土地面积。在他们看来,作为集体经济组织的合法成员就应该获得集体分配的土地。在土地规模经营失败导致重新分配土地时,这部分村民便趁机要求将之前未分配的土地补齐。而且,在土地平整后,由于沟渠被打破,新的增量土地出现,这恰恰给农民重新分配土地提供了资源和理由。在农民看来,《土地承包法》规定集体机动地不能超过总面积的5%,村集体必须将集体土地分配下去,而能得到这些土地的人自然就是那些之前应该分配却未分配到土地的村民。由此,农民关于农村土地集体所有的传统认知与当前土地承包关系物权化之间的内在张力显现出来,进而诱导出农民的土地维权与抗争行动。正是惧怕分配土地所引发的一连串后果,地方政府和村委会一般不会通过分配土地的方式来满足农民的诉求。

最后,重新分配土地将带来资源的巨大浪费。在前任资本的经营中,由于地方政府的大力扶持和项目资金注入,土地上已经修建了相对完善的公共设施,如果将土地分配给农户,这种成规模的基础设施必然因为农民生产的个体化而无法运转,以致造成项目投资的巨大浪费。比如,投资不菲的农田水利设施,其原本的设计是服务于整个大型地块,一旦土地重新分配到千家万户,农户用水行动的不一致以及集体行动的难以达成将使得大型水利无法发挥作用①；再比如，同样成本颇高的现代化农业大棚占地3亩以上，一旦重新分配土地，即使将大棚低价甚至免费分配给农民，如果农民不掌握蔬菜种植的专门技术，大棚也根本无法发挥作用。

以上种种的限制导致地方政府不可能将土地重新分配给农民耕种，农民的不满和抗议自然加剧。在他们看来，如果资本仍然正常经营，自己要回土地的诉求固然不合法，但如今资本已经失败，缘何不能将本属于自己的土地归还给自己？在这个意义上，在土地规模经营失败后，原本在资本和农民之间存在的要回土地的矛盾已经完全转化为农民与地方政府的矛盾。

第三种类型：农民要求恢复到原有的生活和生产状态。如果说对于第一种类型的矛盾地方政府足以应对和解决，对于第二种矛盾地方政府则应对乏力，而对第三种类型的冲突地方政府则根本没有能力应对和处理。在一些地方，随着土地的规模流转，地方政府发动了"农民上楼"运动。而在规模经营失败后，农民的收入减少，同时又要承担上楼以后迅速增加的生活成本。与此同时，随着地方政府"土地财政"收入的下降，依靠财政资源输入维持的社区公共秩序开始失序。在这种背景下，一些经济收入较低的农民便要求返回到原有的村庄居住。

对于地方政府而言，在土地规模流转后，推动"农民上楼"是农村改革深化和提升城市化水平的重要手段。通过"农民上楼"，节约了宅基地的面积，由此地方政府获得了新增加的建设用地指标，进而可以通过土地的出让和拍卖获取土地财政收入②。在小区的建

---

① 关于农田水利中的合作困境可参见贺雪峰、郭亮，2010。
② 在当前保护耕地的政策约束下，国土资源部对地方政府变更土地农业用途的行为严格管控。在管理方式上，国土资源部每年下达给省级政府一定的建设用地指标，之后再由省政府分配到各个地方政府，地方政府必须在指标范围内变更土地农业用途。对于地方政府而言，如果要想获得更多建设用地的指标，就必须增加相应的耕地，这即所谓的"增减挂钩"政策。由于农民的宅基地是能够复垦为耕地的重要土地来源，"农民上楼"集中后居住所节省下来的大量耕地成为地方政府获取建设用地指标的主要依据。

第四章 规模经营失败后的基层治理困境与治理风险

设中,地方政府一般是通过将周边土地作价的方式来补偿承担给农民小区建设的开发商。按照地方政府的一般做法,首先是由开发商以垫付资金的方式建设农民小区。之后,随着人口的逐渐密集、第三产业的发达以及相应公共基础设施建设的增加,农民小区周围的土地价格水涨船高,开发商这时就可以在新型农村社区的周边进行商业地产或者其他商品住宅的开发以获取收益。由此,在农民小区的建设中,地方政府不需要投入任何专用资金,农民小区建设的所有资金都是来源于土地升值。

然而,与大中城市中"土地财政"的运作不同,在广大内陆地区的县乡社会,地方政府依托土地涨价进行的城市化建设面临着失败的风险。首先,因缺少大量外来人口,消化当地新建房屋的主要群体是进城的农民。而在大量农民上楼后,他们如何还能有经济实力再次购买商品化的小区呢?一些地方政府为了扩大城镇的容量而在没有任何经济和产业支撑的地区建设全新的农民社区,这导致地产开发商并不看好日后的土地市场,地方政府力图通过农民集中居住带动周边土地价格上涨的企图常常落空。其次,通过农民上楼而实现的城市化产生了一个意外的后果,即"城市塌陷区"的形成,由此再次影响到地方政府的土地财政收入。所谓"城市塌陷区",是指在经济发展水平、文化以及市民素养上明显低于其他地区的区域。在中国城市化的进程中,随着职业的变化,部分农民转化为城市市民,但其是以个体化的方式进入城市社会的。由于个体无法与既有的城市文化抵抗,进城的农民能够逐渐融入城市社会,改变传统的生活习性。然而,一旦农民是以整体的方式进城,且在经济收入未发生实质性提升的前提下,农民就仍然生活在传统的社会群体之中,因自身难以接触到新型的城市文化,农民难以实现"市民化"的转变。从实践来看,随着一些新型农村社区的形成,城镇社会中的"亚社会"也在逐渐形成。由于无法形成城市化的生活方式,这些地区总是遭受来自其他市民的歧视,城市社会内部逐渐形成了无形的壁垒和区隔。在这种明显的社会空间分化下,由于当地社会普遍不看好新型农村社区周边区域的发展，新型农村社区周围的土地价格上涨便极为有限。

在地方政府的土地财政运作失败后，原本依靠地方政府资源输入维持的新型农村社区的公共秩序面临进一步恶化。而且，为了节省开支，开发商及建设者在新型农村社区的建设中，尽量压缩建设中的各种开支，甚至偷工减料，导致建成后的房屋质量堪忧。调研发现，在很多农民小区建成后不到一年，房屋墙体的开裂、管道的漏水以及小区公共道路的损毁等问题已经出现。这意味着，农民既无法真正享受到城市生活的便利和舒适，又无法延续传统乡村中生活成本低、贴近自然的生活方式。正是在这种背景下，部分农民开始要求返回农村居住。尤其在得知土地规模经营失败后，返回村庄居住的诉求和返还土地的诉求相互交织。一般而言，具有这种诉求的主要是经济收入较低的弱势农民。然而，一旦经济形势下滑，不排除具有这样想法的农民有逐渐增多的可能性。由于家乡的房屋已经被拆除，乃至村庄都已经消失，地方政府根本不可能满足这些诉求。在诉求无法被满足的条件下，居住高度集中且利益相对一致的农民有可能达成集体性的行动，地方社会治理的风险加剧。

更为严重的是那些强制推动农民上楼的地区。由于对该区域土地行情并不看好，开发商承担建设新型农民还建小区的热情不高，而地方政府又急于推动农民上楼，以致在新小区未动工之前就已经将原有的村庄拆除。2014年，在江苏P县DL村，在获得过渡期间的房屋租赁补偿费后，整个村庄全部被拆迁，农民四处投亲靠友，租赁房屋。然而，由于缺少开发商的进入，农民的还建小区至今仍然没任何开工的迹象。拆迁半年后，陆续有人开始返回村庄居住，由于原来的房屋已经拆除，只能临时搭建棚屋居住。2015年冬天，一位老人去世，按照习俗，老人的子女回到村里临时搭建棚子给老人发丧。目睹这种场景，越来越多的老人心生悲凉和愤懑。从当年开始，离散村民的上访行为大量增加，要么要求镇政府在原有的村庄中给其重建家园，要么要求镇政府履行拆迁时还建的承诺，还有部分村民私下联合准备将镇政府告上法庭。一方面引入开发商的步伐太慢甚至难以实现，另一方又因为传统村庄的整体拆迁而无法给村民安定的居所，当地镇政府陷入了空前的治理压力之下。

图 4-5　DL 村村民返回村庄居住后搭建的棚屋

土地规模经营失败后，地方社会的冲突类型以及地方政府相应的应对方式可用表 4-4 来进行概括。

表 4-4　农民的诉求与地方政府的应对

农民的诉求	地方政府的应对能力	备注
支付流转费用	能够满足	
退还土地	很难满足	
恢复原有的生活状态	无法满足	限于土地规模经营后实现农民上楼等一体化改革的地区

总之，在土地规模流转后，村社内部传统的治理结构解体；而随着土地规模经营的失败，地方社会的正式治理结构面临着来自农民的巨大压力。从各地的实践来看，在土地规模经营失败后，不同地方社会面对的矛盾类型和层级不同，这种不同由前期土地

流转运动中地方政府权力的介入程度不同所导致。如果能清晰地意识到土地规模流转所可能的治理后果，那么地方政府在土地规模流转中的权力介入就不可能如此随意。

三 规模农业中的治理风险

在土地规模经营失败后，原本的农业发展问题转化为地方社会的治理问题。因此，对规模农业的追求不仅充满着农业失败的风险，还蕴含着巨大的治理风险。

第一，在农业转型中，地方政府前期的介入程度与后期要承担的责任成正比关系。在土地规模经营开展之初，如果不能尊重农民的意志，通过强制或者半强制的方法推动土地流转，那么在规模经营失败后，农民对地方政府的不满程度自然就越高。在现代社会，个人的理性决策虽然并不能导致最好的后果，但是决策过程的独立性却使得个人愿意承担相应后果，即自己的事情自己负责。在土地流转中，农民的个体理性遭遇地方政府的绑架，土地规模经营失败后必然带来农民对地方政府的抱怨和不满，而地方政府介入的程度越深，农民的个体理性所受到的干扰程度也就更高，地方政府在后期的土地规模经营失败中就要承担更多的责任。比如，为了完成土地流转的目标，很多地方政府不仅采取各种手段对于那些不愿意流转土地的农民进行动员，而且还给农民不切实际地描绘出一幅农业现代化和农民增收的美丽图景，希冀以理想的美好来遮盖土地流转过程的种种不规范行为。而当土地规模经营失败后，现实与理想的巨大反差让流转土地的农民感受到强烈的失落感，流转程序上的弊端和问题也随之暴露出来，从而成为农民维权的理由。相反，在土地流转过程中，地方政府如果能妥善处理好权力与市场的边界，充分尊重农民自主性，在规模经营失败后，农民与地方政府的矛盾则要缓和很多。

第二，前期农村和农业改革的激进程度与后期地方政府的应对能力成反比关系。从地区的比较上看，土地规模流转在不同地

第四章　规模经营失败后的基层治理困境与治理风险

区存在差异。部分地区地方政府抱着谨慎的态度，在个别乡镇或者个别村庄开展试点，而有些地方政府急于打造农业转型的示范地区，以致短短时间内就完成了数万亩甚至数十万亩土地的高度集中。从后果来看，被流转的土地在区域内所占比例越高，利益受损的农民也就越多，社会的矛盾和冲突就更加普遍，地方政府的治理和应对能力也就越弱。

从改革的纵深推进上看，土地规模流转是地方政府推动城乡一体化进程中的一个初始环节。作为农村重要的生产资料，农民的生产生活都是围绕土地展开，一旦土地从农民手中剥离，那么农民相应的生活形态也随之改变。正在全国逐渐蔓延开来的"农民上楼"运动正是作为土地流转——这一农业领域改革完成之后逻辑上的自然延续。这一过程本应该是经济社会发展的结果，一旦拔苗助长将会带来改革的巨大风险。现实中，在部分地方政府的大力推动下，农村的全方位改革正在以"迅雷不及掩耳之势"展开，以致农民面临的是从生产方式到生活方式一系列的剧烈变革。一方面，原有的村社系统被彻底破坏，进城农民丧失了退路；另一方面则是农民无法适应城市社区的生活，新社区治理结构的脆弱性和风险性日益增加。在失去了传统村社共同体的庇护之后，农民直接与地方政府发生关联，其在新生活环境下的各种利益诉求都需要地方政府予以满足，后者陷入了应对乏力甚至无法应对的困境之中[1]。因此，前期农村改革推进越激进，后期地方政府的应对越是乏力。

至此，基于来自数省的调研案例和经验观察，以上已经系统呈现并分析了土地规模流转发生的机制、特征与后果，尤其是重点分析了土地规模流转对村庄治理和地方治理所产生的直接和深远影响。

---

[1] 据《南方周末》报道，近期在一次调研中，一位地级市的领导雄心勃勃地对中央农村工作领导小组副组长陈锡文说："我这个地级市一共有100万户农民，我准备用三到五年的时间把这些村庄全拆了，因为100万户农民大概占了100万亩的建设用地。"陈锡文说："你真是了不起！将来出了问题哭都来不及。"参见《一天消失80个村庄：城市化请慢行》，《南方周末》2015年10月5日。

结论　土地与基层社会治理

对土地的功能要有新的认识，土地制度的设计绝不能仅仅着眼于生产效率的发挥，土地制度的改革要充分考虑其所产生的社会连带效应。本书最后得出以下结论和建议。

一　土地的治理功能

英国政治经济学家威廉·配第认为，土地是财富之母。土地作为重要的生产资料，是产生社会财富的重要载体。无论在传统的农业社会还是现代工业社会，围绕土地的制度安排应该首先着眼于如何最大限度地发挥其生产价值，以增加社会财富。显然，受到这种思路的影响，当前中国农地制度的改革也是以如何发挥农地的效率为改革的基本方向。在当下，随着大量农业人口转移到城市中就业，中国农村的人地关系出现了历史上从未具有的新特征，引导土地向具有更高生产效率的生产经营者手中集中无疑符合经济社会发展的客观规律。从社会发展的趋势来看，随着现代性的进入，传统村社的解体和农民走出村社也是一个必然的历史进程。但是，这个过程应该是经济和社会发展的自然结果，而不应盲目地通过权力的运作过快地加速这一进程。因为，一旦将土地抽离村社共同体，那么将引发整个村社治理的系统性反应。

从实践来看，当前土地的大规模流转主要是国家和地方政府强力推动的结果。由于土地流转的人为加速，传统的村社共同体呈现迅速瓦解的趋势，建立在传统村社共同体基础上的治理结构被严重破坏。因此，对于土地在传统村社治理结构中的核心地位和重要功能要有新的认识。首先，在传统的村社共同体中，围绕着土地的耕种，村庄社会形成了相互交往、互相依赖的共同体特征，土地的家庭经营构成了村社整合的制度基础。改革开放以来，随着农村人口的非农化转移，村落共同体的内聚属性已经降低，但是由于保留了土地的家庭经营形态，村社仍然成为一个底线的共同体。正是因为仍然构成共同体，村庄社会的各种问题都在一定程度上被共同体本身的属性所消解。但在土地规模流转后，由于村社成员彼此之间缺少交往和依赖的制度纽带，村庄社会的陌生化趋势增强，矛盾纠纷增多，农民分化日益明显。随着村社内聚力的下降，村庄的治理模式也随之发生变迁。在传统的村社共同体中，国家不需要过多地投入行政和经济资源就能够实现对村社的治理，但随着村社共同体的解体，农民成为真正原子化的个体，传统的社区治理方式便无法奏效。欲实现村社的治理就必须有新的资源输入，并形成新的治理方式，国家的治理成本大大增加。由此反观，保持以土地家庭经营为基础的村社共同体的存在是国家治理农村社会的一种成本相对较低的方式。

放开历史的视野，建立在村社共同体基础上的廉价治理方式具有传统社会的治理色彩。在传统的农业社会，由于"双轨政治"的治理格局，国家的正式力量仅仅到达县级，县级以下乡村社会秩序的达成主要依靠以士绅、地主等乡村精英为治理主体的自治。一方面，国家通过科举制度和长期的儒家意识形态宣言实现了对士绅、地主阶层的文化整合，使其接受大一统的国家理念和尊卑有序的社会秩序；另一方面，在传统国家能力有限的条件限制下，国家赋予并充分尊重士绅、地主在村社中的权力空间和各种传统的地方规范的存在。事实上，作为乡村社会的内生权威，士绅、地主等乡村精英的存在正是维系村社共同体的重要力量。在乡村精英的主导下，配合长久以来形成的地方规范和宗法伦理，基层社会的秩序得到了实现。换言之，当国家无能力为乡村社会直接供给秩序时，其必须要依靠村社共同体自身功能的发挥。这正是几千年来在传统国家权力没有介入乡村的前提下，乡村社会仍然能够维持基本秩序的根本原因。

20世纪以来，随着国家政权建设的完成，国家将权力触角深入基层社会的"田间地头"，国家对乡村社会的控制和动员能力已非传统的国家所能比拟。但是，在一个农民占据人口主体的大国，国家依旧无法建立起正式的官僚体系来实现对农村社会的全方位控制，包括当下村民自治制度在内的基层治理体系仍然只是一种"半官僚化"治理，其在一定程度上仍然延续了传统社会的基层治理传统。因此，当前的土地规模流转正在消解村社共同体的存在，进而改变了传统基层治理模式存在的社会基础。土地规模流转引发的将是中国基层治理体制的系统性变迁。

在这个意义上，对于土地制度的认识必须将其放置在村庄社会中进行，土地不仅是一种生产资料，也是村社治理系统中维持其存在的一个关键性变量。作为一种重要的生产资料，集体化时代的土地制度安排束缚了生产力的发展，对这一历史的反思更是放大了当下政策部门和学者对土地效率问题的关注。为此，土地流转乃至整个土地制度改革的初衷和目标就是要提升农业的经济效益，发挥土地的最大生产价值。然而，这种单一的效率视角却遮蔽了土地与治理的关联性，未能预料到土地被抽离后所引发的村庄社会的系统性变迁与结构紊乱。土地是具有治理功能的，农村土地制度和农村社会的改革者需要增加对土地的这一新认识。

二 土地流转与基层治理的转型困境

土地规模流转的发生过程是农业的资本化过程。按照政治经济学的一般判断，伴随着农业的资本化过程，传统的农民家庭经济最终会被资本主义所改造，农民被转化为资本化大规模农场和工业所需的廉价劳动力，农村社会将日益分裂为农业"资本家"和农业"无产者"两个阶层。在当前资本大规模下乡的背景下，正是秉持"资本－农民"的阶层视角，相关研究通过调研和分析发现"资本主义"的生产关系正在中国农村土地流转中形成，小农在商业流通领域正不断受到资本盘剥（黄宗智，2012；陈义媛，2013）。在对土地规模流转的研究中，笔者同样发现了农民与资本的矛盾和对立，但是笔者更倾向于认为：相比于"农民－资本"关系，土地规模流转后，国家与农民关系的紧张以及凸显的基层治理结构的转型困境才是当下以及未来相当长一段时期内农村社会中的主要矛盾。

从动力上看，当前的土地流转可以分为以市场导向的土地流转和土地规模流转两种基本类型。由于遵循市场规律，市场导向的土地流转实现了土地更有效率的配置。但在中国农村土地高度细碎化且土地被数量庞大的小农家庭承包经营的背景下，由于面临着较高的交易成本，市场导向的土地流转难以实现土地的高度集中，其产生的社会影响有限。与之不同，土地的规模流转则能实现土地占有的高度集中，从而满足一直以来中国社会中普遍存在的对农业现代化的想象。在这一过程中，由于资本和权力相互需要，它们结合成了一股强大的推动力量，以致土地流转的规模大大超过了农民社会和农业发展本身的承受能力。由此，传统的农村土地占有格局被彻底改变，土地规模流转对农村社会产生了巨大的影响。

从后果上看，在土地规模流转后，农民所面临的问题并非生产领域的被剥削，而是生活中的各种困扰与焦虑。失去土地后，在当前存在大量务工机会的条件下，农民可以外出务工。即使农民进入农业资本的生产过程，在当前劳动力外流的整体社会背景下，劳动力资源的稀缺使得资本对劳动力的剥削很难进行，农民甚至表现出更强的市场谈判地位。与能够剥削农业工人的农业资本主义生产体系所处的社会环境不同，在当下中国农村的土地资本化经营中，资本与农业工人在生产中的直接利益对立关系还没有形成。相反，随着土地流出村社，传统的村社共同体瓦解，在农民的生活世界中，各种矛盾纠纷涌现、村社公共生活失序。在失去村社共同体的庇护之后，农民将各种问题的出现归结为地方政府——这一运动的始作俑者，并期待其解决各种问题。因此，土地规模流转后，农民与地方政府之间开始进行远高于传统共同体生活下的高频率互动。

然而，地方政府却难以有效回应农民的利益诉求。基层治理的困境本身就是土地流转的"意外性后果"，地方政府并没有充分做好准备并拿出系统性的应对方案。面对农民社会中爆发的各种矛盾，地方政府固然能够通过资源输入和刚性维稳的方式来暂时解决问题，但是从长远来看，在失去土地后，农村社会需要的是一套相对稳定的治理结构和治理机制。在城市社区中，居民联系松散、阶层分化明显，并不具有共同体的本质特征，其维系基本社会秩序的原因一方面在于，国家力量、市场力量和自治力量在不同的社区生活面向中发挥作用并且相互配合，共同构成了一整套社区秩序的维护机制；另一方面在于，居民不仅归属于社区，还归属于单位，计划经济时代所形成的单位体制仍然是一股整合城市居民的重要力量。与之相比，在失去共同体的庇护和土地的保障功能之后，新社区中农民的收入结构和职业身份却未发生实质性改变，其生活在完全不同于城市居民的制度环境之中。面对这一既非城市市民，又非传统农民的"新社会群体"，基层社会必须发育出新的有效治理结构予以应对。否则，单凭地方政府的"兜底"和资源输入仅仅只能暂时维稳，而无法从根本上应对不断涌现的纷繁复杂的问题，农民与地方政府的结构性紧张关系将长期存在。在土地规模流转后，如何实现基层的治理模式再造，进而有效回应农民的利益诉求将是这些地区需要面对的重大课题。

因此，土地规模流转所带来的并非政治经济学理论逻辑中的劳资关系紧张，而是基层治理结构转型与重建的紧迫。在农业领域，地方政府需要改变实现规模经营和"农民上楼"的发展思路，要正视这种"超前城市化"所要付出的治理成本和社会代价。

三　对策与建议

土地规模流转的发生动力主要来自地方政府的行政推动，因此，要从根本上避免大规模土地流转的弊端，中央必须适当约束地方政府的权力，使其遵循经济发展的规律，根据当地的产业结构和城市化水平推动土地的适度规模流转。但是，作为一个发展中国家，地方政府在农业改革中的推动作用和权力空间又必须要存在。在这个意义上，土地规模流转的有效治理取决于中央和地方关系的良性互动，即中央既要让地方政府在土地流转的制度和平台建设上有所作为，又要防止其乱作为。为此，中央和省级政府不要也不可能事无巨细地对土地流转进行过多的调节，而只需把握住基本的原则和制度方向。具体而言，笔者认为要坚持以下四个基本原则：一是底线原则；二是程序原则；三是参与原则；四是转化原则。

（一）坚持底线原则。所谓底线原则是指中央和省级政府应该为地方政府和农业资本流转土地的行为设置一些基本的约束，防止农村社会和农业生产秩序出现较大震荡，继续发挥村社在城市化过程中的"蓄水池"和"稳定器"功能。改革是这个时代的主旋律，但是改革的风险却也随着改革的不断深入而日益增大。在三农领域，土地的改革往往牵一发而动全身。为了在稳定中推进改革，上级政府应该在土地流转的某些领域设置底线。比如，在粮食主产区，由于粮食安全关系国计民生，应该限制一次性土地流转的规模，甚至应该限制工商资本进入粮食种植领域。在实践中，由于追求规模效益，地方政府普遍为资本流转土地的面积设定基本的下线，而对于流转的上线几乎都不加以限制。在调研的基础上，我们认为在当前的社会经济和科技条件下，粮食种植领域还不适合企业化的大规模经营[①]。对农业规模的盲目求大不仅没有带来农业效益的提升，反而催生了农村社会的风险和混乱。因此，必须扭转当前这种不良的导向，为流转的面积设置不可逾越的上线。

[①] 2013 年 11 月，中共十八届三中全会提出，鼓励和引导工商资本到农村发展适合企业化经营的现代种养业。其中，适合企业化经营的表述正是切中了当前企业化经营盲目进入粮食种植和生产领域的要害。

土地流转与乡村秩序再造

再比如，为了提升城市化率和获取土地财政，地方政府大肆推动农民上楼，迅速地改变了当前农村的生产和生活状态。这种做法在表面上提升了城市化水平，却破坏了城市化稳健发展的基石。城市化的发展绝不仅是农民住进新型的社区，更在于农民职业和身份的转变。而后者的发生是与中国产业结构的升级和转换密切相关，并不在地方政府的控制范围之内。一旦出现经济的波动，作为当前农民工就业主要领域的城市基础设施建设和房地产产业发展速度下降，农民工的失业将成为严峻的社会问题，进而给新型农村社区的秩序维护带来更大的压力。因此，地方政府应该逐渐改变当前消灭农村的激进思路，转而两条腿走路：一方面进行城镇化的建设，为有进城意愿的农民提供良好的居住环境；另一方面继续建设新农村，为无法进城的农民提供基本的生产和生活条件。正是有了村社和土地的存在，进城失败的农民才有了返乡的退路。因此，如果说前者秉持的是一种发展主义的思路，后者则是一种底线式的保底做法。二者不仅不矛盾，而且相互促进，传统村社的存在能够保证中国的城市化更加稳健地前行。

（二）坚持程序原则。所谓程序原则就是在土地的规模流转中要设立相应的审查和监管环节，防止土地规模流转出现一哄而上的局面，尽量压缩地方政府和资本的灰色利益空间。

对进入粮食种植领域的工商资本要进行严格的资质审查和监管。在城市资本过剩且缺少有效益的投资项目的背景下，大量的工商资本瞄准并力图进入农业领域。在当前地方政府的"招商引资"下，尤其是在一些欠发达的农业地区，外来资本成为地方政府的座上宾。在这种社会与经济条件下，如果不能推动土地流转程序的建设和监管制度的跟进，权力和资本的结合进而共同推动土地规模流转的趋势仍将不可遏制。为此，上级农业主管部门需要将部分权力上收，至少要实现对资本的生产资质和农业经营能力等基本条件的严格审核。与当前简化行政审批程序的一般思路不同，对于工商资本经营农业的行政审批要设立相对复杂的程序，防止工商资本轻易地进入农业种植领域。

程序原则还要求上级政府必须督促地方政府保证财政补贴资金的公开透明。为了实现农业的转型，从国家到省市政府都有大量的农业补贴和专项资金，其中很多都投向了土地规模经营者。但是，对于政府分配资金的原则和方式、资金的使用效果以及资金在不同的经营主体之间的分布等仍然缺乏相应的规则。正是由于地方政府在资金使用和项目投向方向上的不确定性，一些土地规模经营者不再以农业经营本身为目的，而是"醉翁之意不在酒"，将主要精力放在结交地方政府官员以获取国家补贴和资金等事项上。这不仅产生了权钱交易的腐败空间，也导致国家农业资金使用的无效率。从长远来看，对于盲目圈地的大型农业企业，国家应逐渐减少补贴，应该将专项资金和农业补贴投向更有市场竞争能力的家庭农场和适度规模经营者。从当下来看，为了防止出现资本逃离或者农业企业大规模倒闭的现象，国家尚不能立即取消补贴，但应该加强程序和制度建设，压缩其中的灰色利益空间，最终实现土地规模经营的"软着陆"。

（三）坚持参与原则。当前的土地规模流转主要源于地方政府的推动以及资本的逐利本性，农民更多地处在被动的地位，他们缺少就流转价格、方式等问题与地方政府和资本谈判的制度化渠道。由于规模流转涉及大量农民，土地规模流转的成功往往要借助行政力量来降低交易成本。由于违背了市场交易的一般规律，土地规模经营者最终走向了亏损的道路，并且将风险转移给了地方政府。作为土地的流出者，如果在早期流转的时候农民就能够与资本进行正常的博弈，这对于资本的健康发展是有利的。而地方政府和资本被农业发展主义的理念所左右，在现实中又没有相应力量的制衡，理念的激进和现实的权力亢进导致土地的规模经营贪大求全，违背了农业发展的一般规律以致最终失败。

然而，由于资本无法与数量众多且分散的小农进行对接，即使真正赋予农民相应的市场谈判地位，其仍然无法参与资本的价格博弈，要让农民具备与资本和地方政府谈判的能力就必须实现农民的组织化。在当前的农村社会，能够组织农民的机构一般是村委会、村民小组等基层组织。在法律上，村委会是村民的自治组织，代表了农民的集体利益，但是在现有的政治结构下，村委会则更多地扮演政府决策执行者的角色。与之相比，以自然村为基础的村民小组则具有较强的自治色彩，其既能代表本组村民的利益，又是村民能够直接施加影响的组织。而且，相比于行政村，村民小组内的土地无论在水源的使用还是在地理空间的分布上都是一个整体，这导致村民的土地利益具有相对一致性，从而能够更容易达成集体行动。因此，在土地规模流转中，对于地方政府和资本来说，依靠村民小组实现农民的组织化能够有效降低土地流转中的交易成本；而对于农民来说，由于具有了组织的依托，其能更好地维护自己的土地权利。因此，加强村民小组内的民主建设和组织化程度是提高农民在土地流转中参与程度的一条现实路径。

（四）坚持转化原则。对于那些土地规模经营彻底失败的地区而言，其面临的是如何在降低社会矛盾的前提下恢复正常的农业生产和生活秩序。因此，在这些地区的治理中要坚持转化原则，逐渐消化日益积累的矛盾和风险。

第一，在工商资本已经大规模进入农业种植领域的地区要向"订单农业"模式转化，让土地重新回归家庭经营。对于农业资本来说，一条可行的路径是在产后环节提升农产品的品牌价值和工业附加值，从而克服其在生产领域的先天缺陷，凸显资本经营的优势。因此，农业资本就不需要进入农业的种植环节。针对工商资本已经大规模流转农民土地并全面进入农业种植环节的地区，建议在维持土地流转的前提下，工商资本全面退出种植领域，积极发展"公司+农户"的订单农业形式。首先，企业与农户签订订单合同，农民将收获的粮食或者其他作物统一销售给企业，以解决企业原料来源的问题；其次，企业要负责给农民提供优质种子、化肥和先进的农业技术服务，以保证农业产品的品质。在"统分结合"的经营体制下，最大可能地降低农业经营失败的风险。

第二，在"农民上楼"已经完成的地区要逐渐引导农民社区向真正城市社区的转化。在叫停大规模"农民上楼"运动的同时,针对已经上楼的地区,地方政府要制定系统性、长期性的工作方案。改变"维稳"、怕出事以致包办各种事务的思路,转而积极引导市场力量和社会力量在新型农民社区中生长和发育。比如,对于接纳农民再就业的机构和企业,对于进入农民社区进行社区服务的市场主体,地方政府要予以相应的政策优惠和扶持。同时,政府要开展定期的农民职业培训,特别是要重点针对中老年农民提供一些简单的技能培训,让一部分仍然有就业意愿和能力的农民走向市场。在农民社区内部,要鼓励和发展各种农民的社会文化组织,培养农民的自治习惯,逐渐形成自我管理的能力。地方政府一方面要从社区的各种具体事务中脱离出来,另一方面则应该投入更多的精力和资源加快农民社会保障体系的建设。只有政府、市场和社会三方力量相互配合、各司其职,农民上楼后的社区转型才能真正实现。

参考文献

埃里克森，罗伯特·C.，2003，《无需法律的秩序——邻人如何解决社会纠纷》，中国政法大学出版社。

北京天则经济研究所，2010，《土地流转与农业现代化》，《管理世界》第1期。

波兰尼，卡尔，2013，《巨变：当代政治与经济的起源》，黄树民译，社会科学文献出版社。

曹树基、刘诗古，2014，《传统中国地权结构及其演变》，上海交通大学出版社。

曹正汉，2007，《土地集体所有制：均平易、济困难——一个特殊村庄案例的一般意义》，《社会学研究》第3期。

陈柏峰，2009，《土地流转对农民阶层分化的影响——基于湖北省京山县调研的分析》，《中国农村观察》第4期。

陈成文、罗志勇，2006，《土地流转：一个农村阶层结构再构过程》，《湖南师范大学学报》第4期。

陈小君等，2004，《农村法律制度研究：田野调查解读》，中国政法大学出版社。

陈义媛，2013，《资本主义式家庭农场的兴起与农业经营主体分化的再思考——以水稻生产为例》，《开放时代》第4期。

党国英，2005，《当前中国农村土地制度改革的现状与问题》，《华中师范大学学报》第7期。

党国英，2008，《中国农村改革与发展模式的转变》，《社会科学战线》第2期。

董国礼、李里、任纪萍，2009，《产权代理分析下的土地流转模式及经济绩效》,《社会学研究》第 1 期。

费孝通,2006,《中国绅士》,中国社会科学出版社。

费孝通,2012,《乡土中国》,北京大学出版社。

费孝通、张之毅,2006,《云南三村》,社会科学文献出版社。

郭亮,2011,《资本下乡与山林流转》,《社会》第 3 期。

郭亮,2012,《劳动力成本:规模经营的结构性限制》,《中共杭州市委党校学报》第 3 期。

郭熙保,2013,《三化同步与以家庭农场为主体的规模经营》,《社会科学研究》第 3 期。

郭振宗、杨学成,2005,《农业企业化:必然性、模式选择及对策》,《农业经济问题》第 6 期。

韩长赋,2016,《土地"三权分置"是中国农村改革的又一次重大创新》,《光明日报》1 月 26 日。

贺雪峰,2010,《地权的逻辑——中国土地制度向何处去》,中国政法大学出版社。

贺雪峰,2011,《论农地经营的规模——以安徽繁昌调研为基础的讨论》,《南京农业大学学报》(社会科学版)第 2 期。

贺雪峰,2015,《论中坚农民》,《南京农业大学学报》(社会科学版)第 4 期。

贺雪峰、郭亮,2010,《农田水利的利益主体及其成本收益分析——以湖北省沙洋县农田水利调查为基》,《管理世界》第 7 期。

胡鞍钢、吴群刚,2001,《农业企业化:中国农村现代化的重要途径,农业经济问题》第 5 期。

黄宗智,2000,《长江三角洲的小农家庭与农业发展》,中华书局。

黄宗智,2012,《小农户与大商业资本的不平等交易:中国现代农业的特色》,《开放时代》第 3 期。

黄宗智、高原、彭玉生,2012,《没有无产化的资本化:中国农业的发展》,《开放时代》第 3 期。

黄祖辉、王朋,2001,《农村土地流转:现状、问题与对策》,《浙江大学学报》第 2 期。

加藤雅信，2012，《"所有权"的诞生》，郑芙蓉译，法律出版社。

蒋省三、刘守英等，2010，《中国土地政策改革：政策演进与地方实施》，生活·读书·新知三联书店。

柯武刚、史漫飞，2000，《新制度经济学：社会秩序与公共政策》，商务印书馆。

孔祥智、伍振军、张云华，2010，《我国土地承包经营权流转的特征、模式及经验——浙、皖、川三省调研报告》，《江海学刊》第2期。

李国庆，2005，《关于中国村落共同体的论战》，《社会学研究》第6期。

李芝兰、吴理财，2005，《倒逼还是反倒逼？——农村税费改革前后中央与地方之间的互动》，《社会学研究》第4期。

厉以宁，2008，《论城乡二元体制改革》，《北京大学学报》（哲学社会科学版）第2期。

列宁，1984，《俄国资本主义的发展》，人民出版社。

林毅夫，2005，《制度、技术与中国农业发展》，上海三联书店。

凌斌，2015，《土地流转的中国模式：组织基础与运行机制》，《法学研究》第6期。

刘老石，2010，《合作社实践与本土评价标准》，《开放时代》第12期。

刘连泰，2016，《土地属于集体所有的规范属性》，《中国法学》第3期。

刘文勇、张悦，2014，《家庭农场的学术争论》，《改革》第1期。

罗必良，2005，《新制度经济学》，山西经济出版社。

罗兴佐、贺雪峰，2004，《论乡村水利的社会基础——以荆门农田水利调查为例》，《开放时代》第2期。

马克思，2004，《资本论》（第三卷），人民出版社。

马晓河、崔红志，2002，《建立土地流转制度，促进区域农业生产规模经营》，《管理世界》第11期。

毛丹，2008，《村庄的大转型》，《浙江社会科学》第10期。

毛丹，2010，《村落共同体的当代命运：四个观察维度》，《社会学研究》第1期。

皮特，何，2014，《谁是中国土地的所有者——制度变迁、产权和社会冲突》，林韵然译，社会科学文献出版社。

恰亚诺夫，1996，《农民经济组织》，萧正洪译，中央编译出版社。

钱忠好，2002，《农村土地承包权产权残缺与市场流转困境：理论与政策分析》，《管理世界》第6期。

荣敬本，1998，《从压力型体制向民主合作体制的转变县乡两级政治体制改革》，中央编译局出版社。

舒尔茨，西奥多·W．，2006，《改造传统农业》，梁小民译，商务印书馆。

斯科特，詹姆斯，2001，《农民的道义经济学——东南亚的反叛与生存》，程立显、刘建等译，译林出版社。

斯科特，詹姆斯·C．，2011，《国家的视角》，王晓毅译，社会科学文献出版社。

斯科特，詹姆斯·C．，2011，《弱者的武器》，郑广怀译，译林出版社。

孙新华，2013，《农业经营主体：类型比较与路径选择——以全员生产效率为中心》，《经济与管理研究》第12期。

滕尼斯，斐迪南，1999，《共同体与社会：纯粹社会学的基本概念》，林荣远译，商务印书馆。

王景新，2004，《乡村现代化中土地制度及利益格局重构》，《现代经济探讨》第3期。

王立新，2008，《农业转型概念的双重化》，《史学理论研究》第2期。

王立新，2009，《农业资本主义的理论与现实：绿色革命期间印度旁遮普邦的农业发展》，《中国社会科学》第5期。

王铭铭，2005，《社会人类学与中国研究》，广西师范大学出版社。

温铁军，2009，《三农问题与制度变迁》，中国经济出版社。

吴晓燕，2009，《农村土地承包经营权流转与村庄治理转型》，《政治学研究》第 6 期。

吴毅，2009，《理想抑或常态：农地配置的世纪之摆——理解 20 世纪农地配置的一个视角》，《社会学研究》第 3 期。

吴越，2009，《地方政府在农村土地流转中的角色、问题及法律规制——成都、重庆统筹城乡综合配套改革试验区实证研究》，《甘肃社会科学》第 2 期。

杨华，2012，《"中农"阶层：当前农村社会的中间阶层——"中国隐性农业革命"的社会学命题》，《开放时代》第 3 期。

杨团、孙炳耀，2012，《公法社团：中国三农改革的"顶层设计"路径——基于韩国农协的考察》，《探索与争鸣》第 9 期。

姚洋，2000，《中国农地制度：一个分析框架》，《中国社会科学》第 2 期。

姚洋，2000，《中国农地制度与农村社会保障》，《中国社会科学季刊》（香港）秋季号第 31 期。

俞可平，2000，《治理与善治》，社会科学文献出版社。

张红宇，2002，《中国农地调整与使用权流转：几点评论》，《管理世界》第 5 期。

张晓山，2013，《农民专业合作社规范化发展及其路径》，《湖南农业大学学报》第 4 期。

张玉林，2015，《大清场：中国的圈地运动及其与英国的比较》，《中国农业大学学报》第 1 期。

赵冈，2006，《中国传统农村的地权分配》，新星出版社。

赵冈、陈仲毅，2006，《中国土地制度史》，新星出版社。

赵阳，2007，《共有与私用——中国农地制度的经济学分析》，生活·读书·新知三联书店。

周其仁，1995，《中国农村改革：国家和所有权关系的变化——一个经济制度变迁的回顾》，《管理世界》第 3 期。

周晓虹，2002，《理性类型与经典社会学分析范式》，《江海学刊》第 2 期。

附录一　村级组织的土地控制：功能及其弱化[*]

——理解地权冲突的一个视角

内容摘要：村级组织的土地控制是指村级组织通过对农民土地权利的限制、调整、置换以及消灭，从而实现对该土地支配和使用的过程。由于无法得到正式法的明确承认甚至与土地财产法的主旨和规定相背离，该制度实践之所以能够在农村地区广泛存在事实上源于其自身所具有的治理功能。在某种程度上，村级组织对土地的控制不仅是村庄社会自身整合的需要，也能极大地降低国家基层治理的成本——这导致地方政府对该制度形态具有依赖性。但是，这种非正式制度的存在是以农民土地权利意识的相对弱化为前提，一旦土地利益支撑并放大了土地权利意识，其必然与村级组织的土地控制发生对冲。在这个意义上，当前部分地权冲突的爆发正是源于以财产权为改革趋向的农地制度与仍然建立在土地控制基础上的村级治理方式之间的内在矛盾。因此，土地制度的改革要考虑到土地财产属性增加给村级治理所带来的连带效应。

关键词：村级组织　土地控制　土地征收　土地冲突

一　问题提出

在当前中国社会，因为土地征收引发的社会冲突频发，并已

---

[*] 本文已发表于《学术月刊》2018 年第 8 期。

经成为影响基层社会稳定的重大问题。近年来，有一种类型的"土地征收"所引发的农民抵触和反抗最为激烈。这种"土地征收"一般是由村委会所主导，大都是源于乡村公共基础设施建设而需要占用农民的土地。表面上看，与国家正式土地征收的结果相同，农民丧失了对自己土地的承包经营权，但是他们却只得到远低于正常补偿标准的补偿费用，不满和抗议就由此而产生。关于被征收土地的补偿，现行《土地管理法》已经给予相应的说明，各省、直辖市也根据自身的经济社会发展状况制定了明确的补偿标准。在强大的法律和行政压力下，这种"侵害"失地农民土地权利的行为是否仅是个别地区的个别现象？随着调研的进一步开展，笔者发现即使在《土地承包法》《物权法》等法律已经颁布实施多年的社会背景下，村级组织对农民土地权利的"侵害"仍然是乡村社会中普遍的现象。

如果这种现象普遍存在，就不能仅从个别村干部的侵权行为角度进行解释，而应该寻找支撑这一"社会事实"的其他社会事实[①]。或者说，即使这种侵权行为受到法律的抑制，但是只要催生这一社会事实的制度基础没有改变，其就无法彻底消失，而以非正式或者隐藏的方式存在。在本文看来，这种农民土地权利的被侵害是村级组织享有村庄土地自主性使用权的表现，而村级组织对土地的控制是传统村社中长期存在的土地制度面向。村级组织对土地调控为什么会长期存在？其在当前引发的农民抗议又是否彰显该制度已经面临运作困境？本文将对此问题进行研究，从村庄治理的视角观察农村集体土地制度的运行，进而希望对土地制度改革的深化有所裨益。

[①] 迪尔凯姆认为，社会事实的存在不取决于个人的意识，是先行其他社会事实所造成的。社会事实无法用心理学、生理学等个体主义的方法进行解释，而应该在不同的社会事实之间寻找关联。参见〔法〕迪尔凯姆《社会学方法的准则》，商务印书馆，1995年，第125页。

二 村级组织的土地控制：一种社区性权力

所谓村级组织的土地控制是指村级组织通过对村民土地权利的干预、置换以及消灭等手段，实现对该土地支配和使用的过程。也就是说，在村庄内部，农民虽然是土地的权利人甚至拥有土地的所有权，但是他们在土地交易、土地使用方式以及土地占有等诸多领域会受到村庄层面的制度性限制。从土地制度的一般特征来看，土地权利会受到来自国家和市场两方面的干预。前者一般体现为国家的土地管理制度[1]，是国家为了保护社会公共利益和其他土地权利人的利益而对土地权利的限制。比如土地的规划规制、农地专用制度、土地的相邻权制度等；后者则体现为民事主体之间的合同契约关系，是市场双方以自愿的方式达成的对土地权利的限制。比如为了提升自己不动产的效益，一方可以通过支付货币的方式来实现对另一方土地使用权的限制，即所谓的地役权。但是，与以上土地权利受限的情形不同，村级组织对土地的控制既非代表国家权力，也非民事主体之间通过合同契约形成的市场力量，而是一种社区性权力。

在本质上，村级组织的土地控制是村级组织为了维护村庄整体福利而实施的一种对土地权利的干预。在历史上，村庄社区对农民土地权利进行干预长期存在。比如，即使在农民享有土地完整产权的传统社会，民事主体之间的土地的处置和交易仍然会受到诸如"亲邻先买权"的约束。虽然"亲邻先买权"长期为国家制定法的内容[2]，但是这种国家制定法更多的是对传统社区内生规

---

[1] 在基本的制度类型上，世界各国的土地制度一般也被分为土地管理制度和土地产权制度两类。前者主要体现为土地公法，诸如农业法、土地管理法、规划法等法律形态；后者则主要体现为土地私法，尤其是物权法和财产法的法律体系的完善。

[2] 根据历史学者的研究，土地的"亲邻先买权"在宋元时期已经成熟并成为国家的正式法律规定，但是明清以来有所松弛，这与明清社会商品经济的发达和宗族社会结构的松动有直接关联。参见江太新《略论清朝前期土地买卖中宗法关系的松弛及其社会意义》，《中国经济史研究》1990年第3期；杨国桢《明清土地契约文书研究》，中国人民大学出版社，2009年，第18~19页。

范的确认。在"皇权不下县"的治理结构下，村社的治理是依靠熟人社会的内生秩序和乡绅自治来实现的。一旦土地的权利过于充分而不受限制，外来人口将通过土地交易进入村社，进而逐渐瓦解依靠血缘和地缘关系整合的村社共同体，从而最终损害传统社会治理的根基。"亲邻先买权"的立法规定正是源于传统社区整合和治理的内在需求。也就是说，只有在土地权利受到限制的条件下，村社共同体才成为可能[1]。

随着现代性的增长和现代民族国家的产生，国家打破了家族、社区等传统社会组织对个人的支配与庇护关系，实现了国家力量与个体的直接互动。在这种全新的政治社会结构下，个人权利意识的增长带来了个体主义时代的来临，其中财产权的凸显是个体主义时代最显著的特征。但是，这并不表明横亘在国家和农民之间的社会性团体彻底消失，村社组织对土地的控制完全会因为国家相应的制度构建而更加强化。比如，在人民公社时期"三级所有、队为基础"的集体产权结构下，农民不享有土地的所有权及其他土地权利，三级组织中最重要的所有权单位——生产队所对应的仍然是自然村这一传统的社会单元。这在某种程度上意味着，国家对土地权利的限制进而对农村资源的汲取仍然要借助于传统社区的功能发挥才能实现。因此，与其说"全能主义"政治体制瓦解了传统村社的存在，毋宁说前者实现了对后者的覆盖，后者仍然在事实上存在[2]。在这一时期，村级组织对土地权利的干预和限制主要通过集体土地所有制的制度形态表现出来。并且，由于集体所有制和传统村社建制的重合，村社组织对土地的干预更加

---

[1] 20世纪以来，关于中国村落的共同体性质主要由日本学者做出，其中最著名的争论为"戒能－平野"争论。由于以日本社会高度内聚的村社为参照，并且对村社共同体构成的判断标准不同，平野义太郎、戒能通孝就中国农村是否存在共同体发生了争论。具体可参见李国庆《关于中国村落共同体的论战》，《社会学研究》2005年第6期。本文的共同体并没有采取严格意义上的、具有高度内聚力的共同体概念，而是认为相比于其他社团，中国传统的村社都构成一般意义上的村落共同体。

[2] 董磊明：《宋村的调解》，法律出版社，2008，第169～176页。

附录一　村级组织的土地控制：功能及其弱化

理所当然，其干预的范围、程度都远超过历史上的任一时期。这一时期的基层组织基本上可以自主性决定村庄土地的权利分配和用途。

改革开放以来，由于继承了集体所有制的制度形态，村级组织对土地的控制得以继续正当存在。从实践来看，在村庄所有土地都属于集体所有的前提下，土地可以分为"共有共用"土地和"共有私用"土地。前者主要包括村庄中的公共土地，如公共道路、公共禾场、集体的机动地等；后者主要包括农民的宅基地和承包地等。相比较而言，"共有共用"土地是村级组织直接掌握的集体资源，由于不存在相对长期且稳定的权利，村级组织可以自主性地使用该土地，比如在乡镇企业蓬勃发展的20世纪80至90年代，村集体直接就可以将这部分土地变更为建设用地；与之相比，村级组织对部分"共有私用"土地的使用则因为具有其他土地权利人的存在而相对复杂。与人民公社时期的集体所有制不同，在国家有意识的制度构建下，这一时期围绕着农村土地形成了集体所有权、农民的土地承包经营权等多重权利关系。村级组织要保障对村庄土地的控制必须要以有效应对和处理相关权利人的土地诉求为前提。

具体而言，村委会一般通过对土地的分配和再分配来满足农民继续耕种土地的要求，进而获得特定土地的使用权。首先，在村集体拥有集体机动地的土地资源条件下，村委会可以直接通过土地分配的方式来弥补农民的损失；其次，村集体也可以通过定期的土地调整实现土地在村庄范围内的再分配，土地的平均主义占有亦能够平息被占用土地农民的不满。在《土地承包法》颁布实施之前，农村地区普遍存在"三年一小调、五年一大调"的土地调整实践。由于每隔三年或者五年，村级组织会根据村庄人口的变动情况将土地平均分配，某次被地方政府或者村委占用土地的农民完全可以通过下次的土地调整重新获得土地。尽管农用土地的总量在减少，但是由于村庄范围内土地实现了平均，农民就不会产生不满。因此，对于"共有私用"土地，村庄组织同样具有自主使用的权利,从而保持了对村庄所有土地的控制。村级组织土地控制的实现过程可以通过图1来表示。

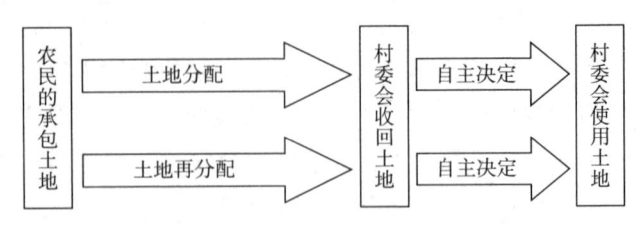

图1 村级组织对土地控制的实现过程

20世纪90年代以来,出于提升农业效率和保护粮食安全的双重考量,国家的农地法律政策和土地管理制度都在压缩村级组织的土地自主使用权。在农地领域,国家逐渐强调土地承包关系的稳定,从"大稳定、小调整"的原则转变为"增人不增地、减人不减地"[①]。2003年《土地承包法》实施,其第27条明确规定:"土地承包期内,发包方不得调整土地。"与此同时,《土地承包法》第63条规定:"村集体机动地面积不得超过本集体经济组织耕地总面积的百分之五。不足百分之五的,不得再增加机动地。"村委会通过土地分配获得土地自主使用权的合法性空间日益被压缩;而在土地管理领域,为了防止村委会私自占用农田,在1998年《土地管理法》修订后,国家将土地非农使用的权力上收,并且实行严格的土地用途管制制度,村委会基本不再具有变更土地用途的权力[②]。然而,在国家正式制度的压力下,村级组织对土地

[①] 在1984年1月中央发出的《关于1984年农村工作的通知》中,规定了"大稳定、小调整"的原则。1987年,国务院在贵州省湄潭县进行农地改革试验,试点"增人不增地、减人不减地"的土地制度。从1990年以后,通过农村承包权的稳定让农民吃上定心丸构成了国家农地承包政策的主要内容。

[②] 按照《土地管理法》第43条规定,任何单位和个人进行建设,需要使用土地的,必须依法申请使用国有土地;但是,兴办乡镇企业和村民建设住宅经依法批准使用本集体经济组织农民集体所有的土地的,或者乡(镇)村公共设施和公益事业建设经依法批准使用农民集体所有的土地的除外。尽管该规定为乡村组织基于公共设施建设自主目的使用土地提供了合法空间,但乡村组织的这种土地使用行为却有可能因为违反《土地管理法》中第20条和第33条关于耕地保护、统一规划等规定而很难获得正式法律的承认。

的控制虽整体上式微但并没有彻底消失。无论是土地调整实践①，还是远超过法律标准的村集体机动地②，以及村委会私自变更土地用途等现象都在当下的农村社会中存在。

相关研究早就注意到了村庄社会中的这种现象，并已经从村干部的利益寻租、实现社会控制以及损害农业效率等角度解释了该现象的产生和后果③。与这种研究相契合，国家的土地法律和政策也总是对村干部调控土地的行为进行约束。但是，应该看到，村干部的行为逻辑虽然有自利的因素，但同样受到村庄治理逻辑的整体制约。从个体的角度来理解以上现象忽视了村社对土地权利干预的历史延续性和该制度形态的社区合理性。正如在调研中发现的，一旦村干部不愿意或者无法进行有效的土地调控，其就会在村庄社会中被贴上无能的标签。这表明，村级组织对农民土地权利的"侵害"具有深厚的社区共识支撑。

问题是，现代社会的形成是从"社区"到"社会"的转变④。在这个过程中，个体摆脱村庄社会的整合，得以直接面对国家和市场。由于土地在传统社会中的根基作用，个人自主性的生成事

---

① 关于农村土地调整，至今在山东、河南等农村地区普遍存在，人多地少的压力客观上使村民对村庄土地的公平分配具有强烈的诉求。据1997年"全国农村固定观察点办公室"对全国266个村的抽样调查，自20世纪80年代初期分田到户以来，212个村调整过土地，比例达到80%。可参见杜鹏《土地调整与村庄政治的演化逻辑》，《华南农业大学学报》（社会科学版）2017年第1期。

② 村组集体机动地在当前农村仍然普遍存在。为了符合《土地承包法》关于机动土地不能超过5%规定，一些地区采取的是将该部分土地确权到村干部个人名下的方式，实现了集体土地的"隐藏"。当然，这也为以后的纠纷埋下了隐患。可参见郭亮《地根政治——江镇地权纠纷研究（1998—2010）》，社会科学文献出版社，2013。

③ 具体研究可参见朱东亮《土地调整：社会保障和社会控制》，《中国农村观察》2002年第5期；田传浩、方丽：《土地调整与农地租赁市场：基于数量和质量的双重视角》，《经济研究》2013年第2期；罗伯特·C.埃里克森：《复杂地权的代价：以中国的两个制度为例》，《清华法学》2012年第1期。

④ 在滕尼斯看来，共同体的社会形态是依靠和睦、习俗、宗教见称，社会则是以惯例、政治、社会舆论见称。后者代替前者的过程正是现代性进入和个体主义形成的过程，可参见〔德〕斐迪南·滕尼斯《共同体与社会——纯粹社会学的基本概念》，商务印书馆，1999，第339~346页。

实上与土地的个体性权利压倒村社权力的过程相伴随。为什么在现代性已经足够强大、传统农村社区已经衰落的社会背景下，村级组织对土地的控制仍然得以在社区内正当性地存在？

三　村级组织土地控制的再生产：治理的需要

从根本上看，村级组织对土地的控制是对土地权利的一种社区限制，这种限制有利于村社的整合和治理。如果说以村庄为单位的治理仍然是当前基层治理的主要方式的话，那么村级组织对土地的控制就无法从根本上消失。因此，尽管与国家土地法律和政策规定相抵牾，但由于在基层社会的治理系统中获得了制度支撑，村级组织对土地的控制不仅难以消失，而且不断地被强化。

（一）村级组织的土地控制与村民自治

按照《宪法》规定，我国农村推行的是以"家庭承包经营为基础、统分结合"的双层经营体制，即在农民获得土地承包权的基础上，村集体经济组织仍然因享有土地所有权而具有对村庄土地进行统合和管理的权力。由于相关法律对于农村集体经济组织缺乏严格的定义，且在现实中大部分农村也不存在所谓的集体经济组织，作为农村社会的基层政权，村委会事实上扮演着集体所有制的代理人角色。为此，《村民委员会组织法》第八条规定："村民委员会依照法律规定，管理本村属于村农民集体所有的土地和其他财产，引导村民合理利用自然资源，保护和改善生态环境。"尽管该法条属于原则性规定，对于村级组织如何管理集体所有的土地，如何与《土地承包法》和《土地管理法》中限制性规定相衔接没有做出明确规定，但却赋予了村委会土地管理和调控的正当性。

不仅是法律文本注意到了村民自治与土地集体所有制之间的关联，在村庄治理的实践中，村民自治的有效运作更是有赖于村

附录一　村级组织的土地控制：功能及其弱化

级组织对土地的控制。与城市社会不同，农业社会的治理以及农民的日常生活都是围绕着土地而展开。随着当前农村人口的非农化转移，虽然大量农民离开了土地，但是农民和土地的传统关系并没有从根本上改变。一方面，留守在村庄中的农民要依靠土地为生，另一方面打工人群也因无法真正融入城市，仍然会通过代际分工来维系其和土地之间的关系。因此，在土地仍然具有重要功能的条件下，谁掌握对土地权利的调整、干预的权力，谁就能成为村庄治理的主体和中心。在土地的私权较为充分的条件下，村民不参与甚至不知晓社区公共事务也不会影响自身的土地利益，村民参与村庄治理的热情弱化，村庄呈现日益离散化的趋势；相反，在村级组织掌握土地控制权的前提下，农民的土地权利处在一个动态调整之中，他们便具有参与村庄公共事务、了解村务的动力，进而具有与村委会展开互动的可能性。由于村委会的土地控制要建立在农民土地权利的变动基础之上，农民往往会提出各种问题要求村委会解决，而这些问题不仅仅限于土地领域，村庄生活中的各种问题都会在此时被表达出来；而村委会为了完成土地控制，就必须有效回应村民的诉求。在这个意义上，村级组织的土地控制过程激活了村庄治理的实践。具备土地控制能力的村庄社区呈现较为活跃的公共治理行动和良好的公共秩序，这一点已经为相关的研究所证实[①]。

随着村民自治的运转，村委会对土地的控制还将为其权力的运行提供保障。也就是说，村委会对土地的控制不仅是推动村民自治实质产生的动力，还是村委会治理能力提升的基础条件。作

[①] 徐勇、崔智友等学者较早指出了村民自治与农村集体所有制之间的契合关系，可参见徐勇《中国农村村民自治》，华中师范大学出版社，1997，第46页；崔智友：《中国农村村民自治与农村土地问题》，《中国农村观察》2002年第3期；近年来，有学者更加细致地论证了土地集体所有制激活村民自治乃至一般村庄治理的内在机制，可参见桂华《农村土地制度与村民自治的关联性分析》，《政治学研究》2017年第1期；杜鹏：《土地调整与村庄政治的演化逻辑》，《华南农业大学学报》（社会科学版）2017年第1期；邓大才：《产权单元与治理单元的关联性分析——基于中国农村治理的逻辑》，《中国社会科学》2015年第7期。

153

为一个基本的治理单位，村委会必须维护村庄的整体利益，但是，村庄整体利益优先性的实现不可能全部依靠个体的自觉行动，通过对村庄中最重要的生产资料进行控制，村委会能够在村庄社会中建立起自身的权威支配地位，并具有产生抑制个别成员"越轨"行为的能力。正所谓"手中有粮、心中不慌"，村委会对土地的控制能力保障了其对村庄的有效管理。随着传统血缘、地缘关系在维系村社共同体中的作用日益下降，村委会拥有的土地控制权更是成为村庄治理秩序能否达成的关键。

具体而言，与城市社区不同，农村社区具有重要的生产功能。农业生产的协同性和公共性往往需要农民之间的有效合作。但由于小农经济的狭隘性和自利性，纯粹依靠农民之间的横向合作往往难以达成，个别农民依托自己的土地权利而不愿意让渡利益，进而严重影响村庄整体利益。比如，耕种土地的农民普遍具有耕作方便和建设小型农业公共设施的诉求。但在土地被"私用"的条件下，修建公共设施往往要占用不同土地权利人的土地，由于设施的修建和运行对不同土地权利人的损益程度是不同的，个别农民不愿意让渡、变动自己的土地利益。尤其是在当前农民职业多元化，以及部分农民不在村的条件下，农民合作的困境进一步加剧。如果村委会具备以土地调整、置换为内容土地控制权，这种土地权利和利益伸张就很容易被打破。甚至，考虑到村委会在土地再分配中的主导权，少数人也会因为顾虑到未来可能会受到来自村委会的"处罚"而尽量避免越轨行为的发生。通过对土地的控制过程，村委会和农民之间形成了一种事实上的权力支配关系。

在当前农村，农村机耕道路的修建、小型水利水渠的整治与拓宽等村庄内部的公共设施建设所需要的建设用地，一般都不经过国家正式的土地征收程序，而是依靠村委会对土地相关权利人的协调、动员来完成。2009年，国土资源部出台了《关于促进农业稳定发展增加农民收入推动城乡统筹发展的意见》，其中明确规定："凡未使用建筑材料硬化地面，或虽使用建筑材料但未破坏土地并易于复垦的畜禽舍、温室大棚和附属绿化隔离等用地,以及农村道路、农田水利用地,均可作为设施农用地办理用地手续。"这意味着,村委会基于村庄生产需要对土地的自主使用得到了国家的部分承认。事实上,作为一个生产和生活单元合一的社区,村庄的有效治理不可能离开村委会对于村庄土地的自主使用权。

从制度内在运作逻辑上看,村民自治的运行和村级组织的土地控制权之间具有天然的契合关系。当村委会对土地的控制能力为村民自治的实现提供保障时,村民自治的有效运转又继续催生出村级组织的土地控制权,二者互相强化。在村民自治制度的实践背景下,以村庄为单位的治理仍然会长期存在,村级组织对土地的控制就不可能彻底消失。

(二) 村级组织的土地控制与地方政府的土地使用需求

当村委会具有土地的控制权时,村民自治得到了有效实现,但这并不意味着村庄就此形成了封闭的村社共同体。因为,在既定的政治与治理结构下,村民自治的推行并没有改变村庄政权的行政化特征,并且由于党的基层组织的有力领导,地方政府仍然能够将自己的意志通过村民自治的方式来实现。由此,村委会对土地的控制便被地方政府所利用,村级组织的土地控制在地方政府的治理逻辑中被进一步放大。

第一,有助于降低地方政府土地征收的社会成本。

随着工业化和城市化的发展,地方政府需要大量的农用土地转化为建设用地,以满足地方经济发展的需要。这个时候,如果村委会享有土地的控制权,地方政府只需要征得村委会的同意就能完成土地的征收,而无须与一家一户的农民分别进行博弈和谈判。这种以村级为单位的土地征收能够抑制地权冲突的爆发,降低地方政府土地征收的成本。

由于村委会能够实现对村庄土地的最终控制,其就具有再次满足失地农民土地诉求的能力和条件。农民的土地虽然被国家低价甚至无偿使用,但其土地利益并没有受损,因为,他既可以从村庄既有的公共集体土地中分到土地,也可以在下次的土地调整中重新获得土地。在村级组织能够控制村庄土地的前提下,村委会成为国家和农民个体之间的缓冲力量,农民的土地诉求及其利益行动并没有溢出村庄。而且,由于再分配土地的质量和位置是农民最大的关切点,他们会围绕这些问题与村委会展开博弈,这客观上将原本可能发生在农民和地方政府之间的矛盾转移到了村庄内部[①]。于是,地方政府享受到了获取土地的便利,村庄社会则承担了其获取土地的成本。不过,相比于农民和地方政府之间的矛盾,农民和村委会之间的土地争议冲突的强度不大,亦不具有严重的对抗性。

因此,在国家和地方政府给予较低的土地补偿,甚至这种补偿只是发放到村集体一级的条件下,农民和地方政府的土地冲突也难以发生。然而,一旦村级组织不具有土地控制的能力,失地农民无法在村庄中再次获得土地,他们便只能寄希望于土地的合理补偿。按照现行《土地管理法》第四十七条规定,农民获得的补偿主要包括土地补偿费、安置补助费及地上附着物和青苗补偿费三部分。在这三部分补偿中,土地补偿费和安置补助费是省市政府根据不同区域的经济发展状况统一制定并由县乡政府负责执行,一旦农民对补偿标准不满,他们要求提高土地补偿标准的诉求便集中涌向县乡政府。这意味着,原本分散在各个村庄的博弈和抗争有可能汇聚成针对地方政府的统一行动。除此之外,由于对地上附着物和青苗补偿费要视具体情况而定,围绕着这部分补偿费的确立,农民的诉求纷繁复杂。比如,在对处于不同生长期的经济作物、不同品种作物的价格评估中,农民常常认为地方政府在补偿中没有公平地对待自己。为了维护自己的利益甚至为了追求利益的最大化,农民的各种诉求再次涌向地方政府。在这种

[①] 以村庄为单位进行土地征收不仅将原本可能发生在农民和方政府之间的矛盾转移到村庄内部,而且降低了土地征收冲突的对抗性,具体讨论可参见郭亮《土地征收中的行政包干制及其后果》,《政治学研究》2015年第1期。

附录一　村级组织的土地控制：功能及其弱化

情况下，由于要面对大量的农民和无数的诉求，县乡政府及其国土部门面临着巨大的工作压力。在无法满足农民土地诉求的前提下，一旦县乡政府迫于招商引资的压力而采取强制性手段进行征收，围绕着土地征收的冲突就会产生。2000年以来，农村土地征收矛盾愈演愈烈在很大程度上正是这一逻辑的现实演绎。

从地方政府的角度出发，他们力图避免与个体农民发生直接的互动，尽量以村庄为单位进行土地征收，从而不断维护和强化村委会对土地的控制。这种局面的形成一方面是源于村委会在集体所有制中的合法代理人身份，另一方面则与地方政府力图过滤甚至抑制地权冲突的工具性考量密切相关。尽管从实践来看，正如本文以下所要讨论的，随着国家土地法律政策等外部条件的变化，农民土地权利意识日益增长，村委会对土地的控制开始遭遇到农民的反抗，村庄内部的矛盾同样呈现剧烈化的特征。但这并不表明地方政府可以就此绕过村委会直接与农民发生互动。甚至，在土地征收大规模发生的社会条件下，地方政府更加需要村委会所具有的土地控制能力的配合。从现实来看，由于失地农民仍然有耕种土地的诉求，维系村委会对土地的控制能力意味着这种诉求可以在村庄层面得到继续满足，从而过滤掉了一部分可能发生在地方政府和农民之间的土地征收冲突和矛盾。正是在这个意义上，土地征收冲突的发生与土地补偿标准的高低之间并没有直接关联，村委会是否具有土地控制能力才是影响冲突发生的更重要变量。

第二，降低地方政府受建设土地指标约束的压力。

随着国家乡村振兴战略的实施，地方政府需要更多的土地转化为建设用地，但其对建设用地的需求却因为国家土地管制制度的加强而无法通过正常的土地征收方式来满足。这个时候，地方政府只能依赖村级组织的土地控制权来获得土地，前者对后者的依赖进一步加深。

随着1998年《土地管理法》的修改，为了防止耕地的进一步流失，国家制定了最严格的耕地保护政策。具体表现在土地管理制度上，中央通过土地利用总体规划和年度规划约束地方政府和农村集体违规使用土地尤其是变更土地农业用途的行为。对于地方政府而言，土地非农使用的前提是其必须获得国家土地部门给予的建设用地指标，否则就属于违法用地。而这种指标与地方经济发展所实际需要的土地面积相比远远不够用。且在地方的经济发展实践中，为了实现工业进园区的目标，很多上级政府都把多数建设用地指标分配给辖区内的经济开发区使用，地方政府所能得到的指标更是捉襟见肘。由于不具有足够的建设用地指标，地方政府无法通过土地征收的方式获得土地。在这种背景下，为了实现一些项目的落地，地方政府往往要借助村级组织的土地控制权来获得土地，这正是地方政府突破国家土地管理制度限制的一种行动策略。

21世纪以来，随着以工业反哺农业、新农村建设以及乡村振兴等国家战略的不断实施，农村社会进入一个基础设施建设的高潮时期。其中，在当前农村基础设施建设中，农村公路的修建因为涉及面广、投资规模巨大而尤为显著。相比于其他基础设施建设，修建公路经常面临着占用农田的问题。考虑到农村建设的实际，在国家现行的土地管理制度中，农村道路仍属于农业用地范畴，不纳入农用地转用范围，亦不占用建设用地指标。然而，按照2017年国土资源部组织修订的《土地利用现状分类》，农村道路一般是指路宽在南方小于1米、北方小于2米，且未硬化的道路。从经验来看，很多地区县级以下并远超过这一标准的公路事实上都是以农村道路修建的名义进行。从主观上看，这是因为地方政府不愿意占用本已经有限的建设用地指标；从客观条件上看，修建公路所涉及的用地规模接近甚至超过地方年度建设用地的总量，从而意味着，通过正常的土地征收程序来完成县域范围内公路的修建几乎是不可能的。

而且，从实施机制上看，乡村社会的惠民工程多采取"项目制"的方式，即由不同的村庄向上级政府提出申请，上级政府则从中进行选择。在地方政府看来，农村基础设施的投资本身就是

附录一　村级组织的土地控制：功能及其弱化

一项巨大的惠民工程，是为了农村自身的发展，对于因为修建基础设施所需要占用少部分的农地，其相应的成本自然应该由受益村庄来承担。如果项目落地问题都解决不了，这样的乡镇或者村庄是不可能具有竞争优势的。这种压力倒逼村委会要自主性地解决基础设施建设需要的土地问题。

因此，农村公共设施建设用地大都无法通过国家的土地征收来完成，只能依靠村委会的土地控制。通过对农民的动员，并以相应的土地补偿或者土地置换为条件，村委会获得了对某特定土地的使用权。由于占用土地规模不大，村委会对农民的补偿或者置换不需要过多的货币或者土地。在保留村集体经济或者部分机动地的条件下，村级组织完全有能力实现对农民的补偿。在某种程度上，这也是当前农村建设得以顺利完成的一项重要制度保障。

总之，与国家土地财产法领域越来越凸显土地权利不同，当前的基层治理领域不断地强化和再生产村级组织对土地的控制。由于互逆的变革逻辑同时存在于农地制度之中，其自身就内含着制度张力。这种张力随时可能因为国家法律、政策以及土地市场等外部条件的变化而被激化和放大，村级组织对土地的控制将面临越来越大的压力。

四　村级组织土地控制的制度基础：土地的非财产化

村级组织的土地控制是以农民土地权利意识的被压制为前提的，但农民对土地的认知并非一个稳定变量，其会因为国家制度和土地市场的兴起而相应变化。在国家推动土地财产化的改革逻辑作用下，土地利益的上升带来了农民土地权利意识的急速增加，村级组织对土地控制的制度基础逐渐瓦解。

一般而言，土地的价值具有两种衡量方式：作为农业生产的土地和作为市场要素的土地。如果村民看重土地的生产功能并以农业产出衡量土地价值，村级组织就能满足村民的土地诉求。由于土地正在被村民耕种，村级组织要改变土地的权利关系进而收回该土地必须给予农民适当的补偿。而在土地用于农业生产的条件下，村委会可以通过两种手段来实现对特定农民的补偿，进而收回该土地。第一，土地的调整和置换。尽管土地因为位置、土壤、水利条件等的不同而存在明显的质量差异，但可以以土地的农业产量为依据在不同面积的土地之间建立换算关系（比如，在我国的传统时期，衡量土地大小的标准就是依据土地的产出而非土地的实际面积，如传统的升、斗等计量标准）。对于农民而言，由于其前后的利益没有损失，他们便愿意参与村级组织所主导的土地调整和置换。第二，以货币、实物或者其他村庄发展机会等作为对农民的补偿。在土地价值是由其农业产出所决定的土地认知下，不仅不同地块之间不存在本质性的差异，而且土地本身的价值有限。而正是这种土地价值的有限性限定了农民对土地补偿标准的想象，掌握一定集体资源的村级组织就可以通过多种方式对失地农民进行补偿。总之，在土地的权利人愿意让渡土地的条件下，村级组织具有了控制村庄所有土地的能力。

以农业产值为依据衡量土地价值既来源于农业社会中朴素的生活经验，也得到了国家正式土地管理制度的确认。改革开放以来，国家在土地征收中对相关权利人的土地补偿一直是以土地的农业产值为基准的。1986年《土地管理法》第二十七条规定：征用耕地的补偿费，为该耕地被征用前三年平均年产值的三至六倍。每一个需要安置的农业人口的安置补助费标准，为该耕地被征用前三年平均每亩年产值的二至三倍。土地补偿费和安置补助费的总和不得超过土地被征用前三年平均年产值的二十倍；1998年修订后的《土地管理法》第四十七条规定：土地补偿费和安置补助费的总和不得超过土地被征用前三年平均年产值的三十倍。2004年再次修订的《土地管理法》维持了1998年的土地补偿标准。可以看出，对于土地的补偿，一方面国家采取的是"不得超过"——这种设定上限的表达方式，体现出抑制土地补偿过高的意图；另一方面，尽管农民得到土地补偿的标准在提升，但国家制定的补偿标

附录一 村级组织的土地控制：功能及其弱化

准始终是以土地的农业产值为基准，并乘以最大可能的承包年限。至少从目前来看，在我国的《土地管理法》中，农地农用、农地农价仍然是国家在农地使用和土地补偿领域一以贯之的基本原则。

但是，土地却还存在另一种衡量价值的方式，即土地的市场价值。从功能上看，土地不仅仅局限在农业生产上，其还是第二、第三产业中的重要生产要素，土地价格就此具有了新的生成机制。这种土地价格的形成与该地块的农业生产能力无关，而往往与其所处的位置、交通等基础设施建设、未来规划等社会性因素相关。在某种程度上，土地的市场价格是外部社会性投资辐射的集中性体现，并往往具有远高于土地农业价值的特征①。而在我国，由于土地的一级市场为地方政府所垄断，村集体和农民都不具有直接与用地方进行土地交易的权利，土地在非农市场中的增值收益就由地方政府所垄断，成为所谓"土地财政"的重要来源。一方面，地方政府通过土地垄断获得土地的增值收益，另一方面农民则只能获得有限的土地补偿，在这种反差下，如何进一步增加农民的土地收益更是成为学界的主流声音和国家土地改革的可预见趋势②。

事实上，在国家的默许下，一些地方政府已经着手进行制度改革从而增加土地的财产属性，大幅度提升农民的土地收益。首先，在沿海以及经济发达地区，一些地方政府对土地的补偿标准已经突破了《土地管理法》的上限标准。根据调查，在一些沿海

---

① 周诚将土地的增值分为投资性增值、供求性增值和用途性增值三种类型。其中投资性增值又分为宗地直接投资性增值和外部投资辐射性增值。前者主要是指对某一宗地进行"七通一平"之类的开发形成的增值，这与土地权利人的投资和劳动直接相关，属于人工增值；而后者则是得益于该一宗地之外的基本建设投资所产生的辐射作用，属于自然增值；供求性增值则是因为土地资源的稀缺以及供求无弹性所导致的价格上涨；用途性增值则是因为土地由低效益用途改变为高效益用途时所发生的增值。这两者事实上也与土地权利人的劳动无关。具体讨论可参见周诚《土地经济学》，商务印书馆，2003，第346~367页。

② 针对土地增值收益应该由土地权利人享有的这种主流声音，有研究从土地增值产生的机制上论证了土地增值收益应该照顾社会公平，而不应该过于向个人倾斜。可参见陈柏峰《土地发展权的理论基础与制度前景》，《法学研究》2012年第4期。

部分发达地区和大中城市的近郊区域,当地政府所制定的土地补偿标准已经远远超过土地的农业产值的极限[①]。其次,学习我国台湾地区的"区段征收"[②]制度,在试点地区,地方政府在土地征收后返还一定面积的土地让村集体开发,以让其和农民分享到土地的增值收益。在这种改革逻辑的作用下,土地的市场价格逐渐形成并代替了传统上以农业价值为基准的土地价格。

从结果上看,失地农民获得了更多的土地收益,但土地冲突并没有化解,反而呈现更加激烈的特征。一直以来,村委会对土地的动员、置换、调整等控制的实现是建立在农民土地权利意识相对弱化的基础之上。尽管国家不断要求农村土地承包关系的稳定,但这种意图却没有得到农民社会的对接,以致以个体权利为本位的农地制度建设缺少相应的村庄社会基础。然而,在土地市场价格形成的背景下,土地的巨大利益支撑了农民土地权利意识的全面崛起,国家推动的土地权利制度建设终于得到了农民的响应,二者的直接互动挤压了村委会对土地的控制权。在农民看来,村委会如果要收回自己的土地,必须按照这种统一的土地市场价格进行补偿和赔付。尤其是在村庄中,一部分土地因纳入地方政府的土地征收序列,农民能够得到较高标准的土地补偿;而另一部分土地同样被用于非农建设,只是因为使用土地的主体是村委会,农民就无法得到相应的补偿,他们无疑会感受到强烈的不公正。同样的土地得到完全不同的补偿,这与朴素的生活经验相悖。可以预见,国家所给予的正式土地补偿标准越高,这部分村民的

[①] 汪晖、陶然:《中国土地制度改革:难点、突破与政策组合》,商务印书馆,2013,第77~78页。

[②] 在我国台湾,2000年出台的《土地征收条例》第四条规定,凡新设都市地区实施开发建设、农业区以及保护区变更为建筑用地时,一律采用区段征收方式开发。所谓区段征收是指政府依法将某一区域内之私有土地全部予以征收,并重新加以整理、规划、开发后,除公共设施需要之土地由政府直接支配使用外,其余可建筑土地部分由原土地所有权人领回或者优先买回,部分做开发目的之使用。通过区段征收,土地所有者的土地面积虽然减少,但却获得土地开发的权利,这导致其占有的土地总价值不仅不会减少,反而大幅度增长。

反抗和不满就会越强烈。即使村委会通过土地置换、调整等手段保障这部分村民土地面积不减少，但土地立刻变现机会的丧失同样会让他们感到不满。

当土地的利益增大和权利意识增强时，村委会就此放弃对村庄土地的控制将是避免冲突的一种路径选择。如同在城市小区中一样，不经过业主同意，城市的社区组织和业主自治组织都不可能对居民和业主的合法土地使用权利进行干预和限制。但是，如同前文所论证，在具有治理功能并具有生产属性的农村社区中，村委会的有效运转要建立在其享有适当的土地控制权基础之上。在当前迅速的城市化和工业化背景下，地方政府的治理逻辑进一步催生了村级组织对土地的控制需要。提升土地的补偿价格或者让农民分享土地增值收益的改革思路符合农民的利益，笔者并不反对这种以财产权为导向的土地制度改革。但是在村委会仍然要通过土地进行治理的条件下，财产权的单方挺进却瓦解了村级组织自主使用土地的可能性和基本条件。围绕着村庄土地的使用，村委会与农民之间原有的权力关系失衡，二者间的冲突日益增加。而由于村委会丧失了对土地的控制权，村庄的缓冲功能丧失，村民和地方政府之间的矛盾和冲突也同时大量产生。

五 结论：嵌入治理的土地制度

至此，本文认为，村级组织的土地控制不应该被看作村社对农民土地权利的侵害，而是完成村社整合和治理的一种必需的制度形态。事实上，无论是在传统的以土地私权为产权主要形态的村社中，还是在当下以土地集体所有制为产权基础的村社中，村庄中土地的个体性权利都会受到村社的制度性限制。正是在权利被约束的前提下，村级组织对土地的控制才得以实现，村庄的有效治理才成为可能。但是，由于村级组织的土地控制权与农民的土地权利之间呈现互逆性的特征，村级组织对土地控制的加强不符合当下土地承包关系物权化和财产化的制度要求。随着土地财产属性的进一步显现,支撑村级组织土地控制活动的合法性基础正在逐渐丧失。最终,这种土地控制被农民看作村级组织对自己土地权利的压制和利益剥夺。于是,村级组织的土地控制不仅不再是村庄有效治理的保障,反而成为催生土地冲突的直接诱因。在这个意义上,当前一部分地权冲突的爆发正源自以财产权为改革趋向的农地制度与当前基层治理环境的不兼容性。

由于国家建构土地财产权的制度变革与当前仍然以村社为基本治理单位的基层治理模式之间存在内在矛盾,舒缓乃至化解地权冲突的思路将具有两种可能的方向和路径。一种路径是逐渐调整目前以村社为治理单位的治理结构,逐步实现国家正式治理对村庄治理的全面覆盖。但是这个转型不可能在短期内完成,在仍然有数亿农民居住在农村,并且城市农民工仍然具有返回农村可能性的双重压力下,村庄社会的生产功能、社会结构和治理结构仍将在长时间内存在[①]。在这一社会基础还没有发生根本改变的前提下,舒缓地权冲突的另一条路径则是要避免出现过于强化土地财产权属性的激进制度变革。这意味着,国家在推动农村土地制度变革时应该考虑到该制度深深嵌入基层治理结构中的历史与现实,进而尊重村庄治理的非正式性和治理自主性,坚持和完善农村土地集体所有制的制度功能。这正是本文研究村级组织土地控制权的功能及其弱化所得出的最大启示。

由此反思在当前《土地管理法》即将被修改的背景下,其中主流的声音仍然是要通过大幅度地提升土地补偿的价格,让农民分享土地增值的收益。应该看到,原本以农业产值为补偿标准和依据的土地补偿额度确立是建立在土地的生产资料属性基础上的,是与村庄既有的治理结构相匹配的。土地利益以及财产权属性的过快凸显将瓦解村级治理的土地制度基础,原本希冀通过提升补

---

① 具体讨论可参见贺雪峰《乡村治理现代化:村庄与体制》,《求索》2017 年第 10 期;温铁军:《村社理性:破解三农与三治困境的一个视角》,《中共中央党校学报》2010 年第 4 期。

偿标准来减少土地征收冲突的法律修改,在实践中恰恰可能导致冲突的加剧。归根结底,这种意外性后果的出现是源于对土地制度功能的狭隘理解。长期以来,学界对土地制度改革的讨论主要是着眼于土地的农业生产效率和土地利用效率的提升。赋予土地的财产权属性进而提升土地的补偿标准不仅能增加失地农民的收入,更能因为征地成本的上升而遏制地方政府过度征收土地的行为[1]。但问题在于,土地不仅仅是一种资源和生产资料,其还是村庄治理的基础性制度安排。单一的效率视角遮蔽了土地与治理的关联性,未能预料到土地权利被放大后所引发的村庄社会结构的紊乱以及治理体系的变迁。尤其在国家大力实施乡村振兴的背景下,村级组织治理能力的建设是保障乡村社会振兴的基石,而村级组织治理能力的提升离不开一个有效的集体土地制度的配合。在这个意义上,将农村土地制度放置在基层治理的框架内予以理解,进而考量制度变革给基层治理结构所带来的联动性影响不仅对于此次法律的修订,而且对于农村土地制度的深化改革和基层治理体系的完善都将具有重要的现实意义。

---

[1] 具体讨论可参见蔡乐渭《中国土地征收补偿制度的演进、现状与前景》,《政法论坛》2017年第6期;汪晖、陶然:《中国土地制度改革:难点、突破与政策组合》,商务印书馆,2013,第62~63页。

附录二 集体所有制的主体为什么是模糊的？

——中山崖口：一个特殊村庄存在的一般意义[*]

内容提要：在有限的资源下，依靠均分的土地资源，村社成员常常无法维持正常的家庭生活。在崖口村，为了实现对村庄弱者的社会保障功能，村社领导人以村社成员是否参加农业劳动作为分配集体收入的载体，从而为一种倾向劳动者的分配模式提供了可能。这种按劳分配制度的产权基础在于，崖口村的土地制度没有细化到个人，让渡出部分利益的部分农户并没有产生一种强烈的个人权利意识，否则，村社土地资源的再次调配将不可能。因此，为了实现对弱者的救助，保持村社共同体的功能，土地集体所有制的主体必须是抽象的、模糊的。

关键词：集体所有制　按劳分配　村社理性

一　问题的提出：土地如何实现保障功能？

按照制度经济学的观点，产权是一束权利，其是所有权、转让权、收益权和处分权等权利的统一。与之相对照，中国农村的土地制度实行的是所有权和承包权相分离的集体产权构造，这导致土地的权利束并没有清晰地界定到个人，个人能在多大程度上行使土地权利、土地的收益如何在集体和个人之间进行分配等问

---

[*] 本文已发表于《开放时代》2011年第7期。

题无法在这种产权结构中得到明确的说明。尽管有人不同意这种说法，但从个人所享有产权结构的不完整角度来看，土地的集体产权确实是"模糊"的①。

面对农村土地所有权主体"模糊"的事实，既有的研究做出了不同的价值判断和政策改革建言，其中主导性的意见是变"模糊"为"清晰"，以使土地产权重新回归到产权制度的常态。关于这一点，经济学中的模型和相关理论已经做出了充分的论证和说明，即界定模糊的产权必定损害经济效率（Coase，1960）。正如一些学者发现，在家庭联产承包责任制度下，由于还保留着若干集体所有制的因素，产权安排不具有排他性。在实践中，频繁的土地调整影响了农户农家肥的使用、水利建设的长期投资等，只有地权的稳定才能够促进土地的长期投资而达到可持续发展的目的（曼特斯特，1994；姚洋，2000a）。在坚持个体权利至上理念的学者看来，模糊的土地所有权还为地方政府和基层组织侵害农民权利提供了可乘之机，其难以实现对农户土地权益的有效保障（党国英，2008；厉以宁，2008）。

模糊的、不完整的产权结构与生产效率低下的关联性已经得到理论和经验的证明，但是这种产权结构是否具有非生产性的其他意义？换言之，如果说产权的模糊和不完整发挥了其他若干重要的社会功能，那么这种对经济效率的适当损害则是允许的。在这方面，最为重要的是关于土地的社会保障说。这些学者认为在国家还无法为农民提供社会保障手段的条件下，土地的均分扮演着重

---

① 关于农村土地的集体产权，有一种看法认为集体产权并非模糊的。比如申静、王汉生认为，从动态的过程来看，土地的集体所有产权不断地在实践中被界定，集体产权事实上存在着一个清晰的边界，并表现出了清晰的排他性特点。在这个意义上，集体产权并不存在产权主体不明晰的"缺陷"。具体参见申静、王汉生《集体产权在中国乡村生活中的实践逻辑——社会学视角下的产权建构过程》，《社会学研究》2005年第1期。本文则是从个体对土地的控制权来定义"模糊产权"，即在集体所有制下，尽管村社作为一个产权单位表现出清晰的特点，但村社内部的个体成员却没有与土地建立确定性的关系，个体所享有的土地权利不是排他性的、永恒不变的。

要的社会保障功能,有所谓"土地型社会保障"(姚洋,2000b)和土地具有"双重功能论"之说(温铁军,2009)。此外,一些学者还通过实地调研发现,耕种土地大大降低了农民日常生活中的货币化支出,即"土地之于农民是一个矛盾的统一体,光依靠土地,农民不能维持生活所需的货币性开支,但完全放弃对土地的直接经营,就会大大增加农民的货币性支出,这远不是农民看似丰裕的打工收入所能补偿的"(胡聪慧、彭春城,2008)。

然而,土地的这种社会保障功能与其本身的产权形态之间存在着何种关系,扩大农户的地权甚至实现土地的私有化为什么会导致土地社会保障功能的丧失?一直以来,支撑这种论说的依据来自中国革命合法性以及长期意识形态的宣称——土地的私有化将导致土地的大量兼并,产生失地农民,进而引发社会的动荡与革命。但是,这种论说与真实的历史之间并非完全一致,大量的相关历史学研究虽然承认中国历史关于土地占有不均的事实,但对于这种不均究竟达到了哪种程度,以及对这种不均所造成的社会后果等问题却提供了与主流意识形态相左的观点和史料[①]。至少,这些研究已经表明,将中国历代王朝末期出现农民起义和动荡的原因归结为土地私有制的观点似乎过于简单,其无视了历史本身的复杂性。而且,从生活的经验来看,虽然不排除有少数"短视"、依靠土地出售来救急的农户的存在,但在深知土地宝贵的前提下,大部分农民是不可能随随便便丢掉自己土地的,除非受到其他因素的干扰。

面对这种新的理论挑战,坚持土地集体所有的一方需要摆脱以往似是而非的"土地私有=土地兼并"的泛意识形态化论证,

---

① 在中国历史关于土地制度的基本判断上,一直存在着不同于革命叙事的解释理路。在他们看来,由于中国社会遵循的不是一种"长子继承"的制度,而是一种分家析产、诸子平分的制度,这就导致所谓"富不过三代"的现象。家庭的代际关系与财产转移模式成为牵制地权集中的相反力量,以私有产权为主体的土地经营模式事实上并没有产生土地集中的趋势,地主与富农的土地的占有率应该在33%~50%,而非传统观点所说的70%~80%。可参见赵冈、章有义、郭德等人的研究。

重新为集体所有的土地制度进行理论辩护。进一步而言，在强调土地的社会保障功能而反对土地私有化的学者那里，如要继续坚持自己的观点，其需要论证，在中国农村高度紧张的人地关系条件下，一个低度个人化（产权模糊）的农地制度安排相比于一个高度个人化的农地制度安排更有利于农户的社会保障，否则其观点本身就失去存在的价值和意义。

本文将以个案的形式参与这种讨论，并以故事的铺陈来展示主题。在调研地点上，笔者曾在 2010 年末对广东中山市崖口村进行了一次田野调查，它的一整套集体所有的土地制度以及类似人民公社体制的工分制度极具特色。虽然不及华西村、南街村耀眼，但崖口村也早已经引起了媒体和相关学者的注意（曹正汉，2007；罗必良，2005），本文借鉴相关研究的成果，并在此基础上与若干观点进行商榷。相比于大规模的问卷调查，个案的研究不足以获得对宏观制度整体特征的认识，而只能追求一种"片面的深刻"（吴毅，2008）。本文将在对事实与经验进行"深描"和呈现的基础之上，展现村社内部土地社会保障功能实现的机制、要素以及其相互之间的关系。

二 扶贫济困：一个市场经济中的村社共同体

崖口村位于广东中山市南朗镇，与孙中山先生的故居——翠亨村相邻，地处伶仃洋畔，大海之滨。根据崖口村的资料，全村由 8 个自然村组成，共有 3300 人。全村总面积 40 平方公里，其中耕地面积 3000 亩，海滩面积 4 万亩。来到崖口村调研时正值冬日，水稻已经收割，村庄所有的耕地全部被翻耕，正在享受冬日阳光的照射与滋润，这被当地人称为"犁冬晒白"。据说这种传统的农业耕作方法能够有效地保养土地，能提高来年粮食的产量。望着这一望无际的田野，笔者畅想着稻谷收获时一片金黄、稻穗摇曳的景象——相信这是已经高度工业化和城镇化的珠三角地区难得一见的乡村景观。

土地流转与乡村秩序再造

当然，和珠三角地区的其他农村相比，崖口村的特殊之处不仅在于其农用土地的规模，更在于其仍然坚持着真正意义上的土地集体所有制。在全国范围内推行分田单干时，因临近港澳，崖口村出现了劳动力偷渡的高潮。大批身强力壮者离开了村庄，留守的大都是老弱病残者，这意味着一旦将土地以及相应的国家税费任务分配到户，后者将无力承担。在这种背景下，崖口村的干部们顶住来自上级的各种压力，没有将土地分田到户，坚持由生产队集体耕作。一直以来，我们听惯了安徽小岗生产队所塑造出的"分田单干"神话，并常常以此作为当时处在生活压力下农民的普遍性诉求，崖口村的个案却证明了历史发生的复杂性，一种看似普遍的社会历史知识同样是一种"地方性的知识"。不过，对笔者而言，崖口村这套高度低个人化的农地制度安排将更有力地展示本文的主题。

（一）"不平等"的村庄分配

从广泛的意义上讲，崖口村的土地事实上包括两部分：一是3000亩的基本农田；二是围垦出4万亩海滩（养殖场）。在崖口村，基本农田全部由本村的劳动者直接经营和耕种，围垦出的海滩则采取出租的方式经营。相比于基本农田，由于地处海滨，村庄周围有大量的沿海滩涂，这构成了崖口村巨大的资源和财富。从20世纪80年代起，崖口村村委会采取与外来公司合作的方式进行近海围垦，经过20多年的开垦，终于积累下如此面积的围垦土地。由于海洋养殖行业的利润较高，大批养殖者纷纷承租崖口村的海滩进行养殖。可以看出，崖口村绝不是一些媒体所宣扬的"中国最后一个人民公社"，它从不排除市场经济的活动，相反，市场经济的收入构成了崖口村重要的经济基础。

由于一直坚持农业立村的基本理念，崖口村不愿意以牺牲土地为代价，引入太多的外来工业。目前全村只有两家小型工厂，依靠租赁村集体的厂房进行生产。村庄的集体收入主要来自三个方面：一是农业收入；二是围垦海滩的出租收入；三是厂房的租

附录二 集体所有制的主体为什么是模糊的？

金。以 2010 年为例，全年稻谷产量 310 万斤，按照该年的市场价格每斤 1.25 元计算，计 387.5 万元，外加国家的粮食补贴 150 万元，粮食生产的毛收入共计 537.5 万元。扣除化肥、种子、农药、机耕费等各项费用 140 万元之后，可用于农户分配的收入是 397.5 万元。与此同时，2010 年村海滩发包的总收入为 1200 万元左右，厂房租金在 150 万元左右。这意味着，该年度崖口村的总收入在 1747 万元左右，其中村委会可支配收入约为 1247 万元[①]。虽然从村民个体家庭的角度看，崖口村的村民并不比其他村庄富裕多少，但村集体的富裕程度却是周围其他村庄望尘莫及的。

崖口村的收入主要用于以下四项开支：一是村干部和村庄管理人员的工资，约 40 万元；二是村庄的公共卫生、社会治安、公共福利支出，约 400 万元；三是基础设施建设的费用，包括道路维修、水利设施建设等农业基础设施建设，约 200 万元；四是农业劳动者的工资和报酬，约 600 万元。在这所有的开支中，前三项开支是在维持村庄的公共秩序，属于一般意义上的公共开支，因为所有的村社成员都能从一个良好的村庄环境和秩序中受益。与之相比，第四项开支只针对本村的农业劳动者，而这项开支正是崖口村收入分配制度中最与众不同的地方。

在崖口村，目前共有劳动力 1600 名左右，留守在村庄从事农业劳动的大约 600 人。就农业劳动者而言，由于参加了村庄的农业生产，他们理应获得自身的劳动力价值，但是崖口村的分配模式有意地增加劳动者分配的权重。在 2010 年，农业生产的纯收入（包括国家补贴）为 397 万元，但村庄对农业劳动者分配的总资金却达到了 600 多万元，这表明劳动者所能得到的收入和分配并不仅是自己的劳动所得，而是要远远多于后者，中间的巨大差额则来自村社海滩发包收入的"转移支付"。

---

① 由于崖口村在 2008 年进行了土地股份制的改造，约有 1.7 万亩的海滩划归为股民所有，该面积海滩的出租收入约为 500 万元不归村委会支配，而是由股民的自治组织——土地基金会自行管理。关于这一点，本文还将专门论述。

围绕着崖口村的所有争论事实上都是围绕着这种补贴的合理性来展开。按照一般的做法，在集体所有制下，每一个集体成员享有平等的权利，村集体的收入如果要进行分配的话，就理应在全体村社成员中均分，但崖口村将本来人人有份的相当一部分集体收入补贴到农业生产中去，只有参加农业生产的村民才能得到分配。

崖口村为什么要补贴农业？这种补贴农业的做法又是如何来实现的呢？

（二）村社分配的价值：保护弱者

为什么要补贴农业，这首先和村社领导人的理念有关。目前的村支部书记陆汉满已经73岁，他连续担任了该村32年的村支部书记。陆汉满在全村享有很高的威望，人称"满叔"。或许与自己从小的穷苦生活有关，满叔对劳动者有着天然的同情，他所坚持的基本理念是"只雪中送炭，不锦上添花"。

从人群特征上看，崖口村留守在村庄中从事农业生产和村庄管理的人群主要由两部分组成：一类是40岁以上的中年人，他们一般缺少外出技能、文化程度偏低，农业往往是他们唯一能从事的行业；另一类则是外出打工失败，而不得不回村务农的村民，其中不乏在外面没有找到工作的年轻人。这些人之所以愿意回来，或者能够回来，正得益于村庄农业所能够提供的工作机会以及一份能够维持生存的收入。没有这600万元的农业补贴，单纯地依靠农业本身的收入，在农业低效率、低附加值的结构性困境下，劳动者根本不足以维持正常的生活，农业生产就不具有吸引力。

为了拉平农业与其他行业在当前所存在的收入差距，村社必须提供足够的资金补贴，而在资金有限不能让所有的村社成员都获益的前提下，村社就只能将资金重点投向那些最需要帮助的人群[①]。设

[①] 其实，在村社领导人那里，每年的农业分配方案要参考外部社会的一般收入水平，其既不能太高，也不能太低。如果农业收入高过外出打工收入的话，大批的村社成员就会涌入农业生产，导致村集体的收入不足以支撑劳动的分配；而如果太低，农业劳动又无法维持正常的生活，没有了吸引力。

附录二　集体所有制的主体为什么是模糊的？

想一下，如果崖口村每年将 600 万元的集体收入均分给社员，每个人能得到 3000 多元。这对于在外有着稳定收入的村民只是一件"锦上添花"的好事，但对于农业劳动者却无法实现"雪中送炭"功能，因为在珠三角地区的消费水平下，该收入不足以应对一个正常家庭的全年开支。而如今，通过将资金集中补贴到农业，崖口村的农业劳动者获得了一份稳定和体面的收入。

谭晓叶是村庄的一名社员，她讲述了自己的故事：

> 丈夫原来请人开大巴，当时生活还是不错的。后来，丈夫去澳门赌博，输掉了几十万。车也输掉了，还欠了债。我原来在针织衫（厂）上班，一个月能赚两三千块，但辛苦，一个月起码七八天加班到通宵。到珠海、中山也打过工。后来眼睛不好，（工厂不要我了），只好回生产队劳动了。在外面很赶，在生产队很轻松。
>
> 现在丈夫也在生产队劳动，但还是赌博，生产队的活不经常去，一年只能拿 5000 多。一天打三场麻将。今年分的钱，两天就输光了。现在想来，如果分了田，像其他村一样，什么也没有了。我现在每年能有 1.4 万多元的收入，钱自己管着，生活是够了①。

当丈夫好赌，输掉了全部积蓄，自己又由于身体的原因失去了在外打工的工作，这个妇女的家庭面临经济危机。正是崖口村看似"低效率"的农业生产体制为他们提供了一份保障，这份保障是一份有着稳定收入、有着尊严的工作。这或许是真正有价值的保障！

在谈到崖口村的分配方案时，陆汉满这样说：

> 我们种粮是为了安排弱势群体就业，使他们能从劳动中赚取有尊严的报酬，改善家庭生活，按照中国农村的传统观

---

① 2010 年 12 月 23 日访谈。

念，安居乐业，建成平等、富裕、和谐的村庄。我们是想从劳动中汲取财富，为子孙后代生活、生存、生产奠下基础。

作为共产党员，不能从农民身上赚钱。我们的体制是不考虑经济成本的，维持农业就业是保护弱者的手段，不是为了经济目的，是政治目的（的考虑）[①]。

由此可见，在价值取向上，相比于制度的生产功能和效率理念，崖口村更注重社会的平等。虽然它从不反对社员在市场经济中追求财富，但却更致力于保护劳动者和弱者。因此，从社员的生活水平上看，崖口村不是一个富裕的村庄，但它却是一个真正没有穷人的村庄。对于弱者来说，村庄是他们生活的最大依靠，崖口村的农业劳动者是这种体制的实际受益者。

（三）村社分配的基本依据：劳动

出于同情弱者和劳动者的理念，崖口村完全可以将出租海滩的收入直接发给所谓的劳动者和弱者，为何还要绕这么大一个圈子，以补贴的方式来维持一个低效率的农业生产？

1. 工分制

在强大的村庄集体经济支撑下，崖口村的农业生产在20世纪90年代就已实现了机械化，农业生产早已经告别了繁重的体力劳动。目前，村集体拥有各种大型农业机械60多台，其中收割机20台，插秧机10多台，大型拖拉机20多台，此外，还有一个人数在35人左右的农机队，专门在农忙时帮助各个生产队进行收割、运输。由于高度机械化的农业生产条件，崖口村农业需要的劳动力数量要远远低于实际参加农业生产的人数。按照村里的规定，村民每天劳动时间只在4个小时左右，但他们花1~2个小时就足以完成全天的农业生产，大量的剩余时间由他们自己支配。有时，社员还会将麻将桌搬到田埂上，在劳动之余娱乐一下，足见劳动

[①] 2011年1月3日访谈。

者那种轻松、随意、悠闲的心态。从现代经济学的角度来看,崖口村的农业体制无疑是低效率的,具有传统人民公社体制的种种弊端。但是,由于有来自海滩发包的租金收入,与人民公社下的农业体制不同,崖口村的农业并不主要是在实现生产功能,尽管其客观上仍然在生产粮食。

在崖口村,农业生产有两个关键性的环节,第一个是记工分。在农业的生产和管理体制上,崖口村至今仍然有13个生产队,一般一个自然村分成1~2个生产队,而在各个生产队中,队长、副队长、记分员等职位一应俱全。每年年末时,村社成员自愿报名参加下一年的农业劳动,在新的一年中,他们根据自己每天的出工情况和工种,在生产队内得到相应的工分。比如,在收割时,由于劳动强度较大,每人每天可以得到100~150个工分,而在平时做些诸如打药、施肥之类的农活,每人每天一般能得到20个工分。

第二个环节是计算工分的分值。在一个生产队内,每一个工分的分值与该队每年生产的粮食总量相关。在崖口村,生产队生产出的粮食不是直接面向市场的,而是出售给村委会,由村委会以高于市场的价格收购。在2010年,国家的粮食市场价格为每斤1.25元左右,但村委会的收购价格却达到1.77元。村委会在收购粮食之后,一部分留作村庄的基本口粮,其余部分再以市场的价格卖出。通过高价购买,低价售出的方式,每年崖口村村委会将集体经济中的数百万元收入补贴到农业中,这就极大地增加了每一个工分的分值。每年底,村会计用每一个生产队的现金总收入除以该队的工分总数就可以得出每一个工分的分值。对于社员而言,他每年"挣"的工分总数是获得村庄资金分配的唯一依据。

表1是各个生产队在2010年生产的粮食产量和工分总数。

表1 2010崖口村各生产队生产情况及其工分

生产队	土地面积 (亩)	粮食产量 (斤)(两季)	工分数	现金分配 (元)	分值 (元)
1队	224.65	241443	253502	437322.08	1.73

续表

生产队	土地面积（亩）	粮食产量（斤）（两季）	工分数	现金分配（元）	分值（元）
2 队	224.70	237141	250108	452265.75	1.81
3 队	172.40	226774	283166	425615.86	1.50
4 队	212.80	195726	346569	345853.51	1.00
5 队	212.80	203432	298750	358198.00	1.20
6 队	291.50	285465	326223	516821.55	1.58
7 队	291.50	301603	333567	574384.10	1.72
8 队	78.60	84878	94764	158855.12	1.68
9 队	364.00	322527	470684	635014.86	1.35
10 队	339.40	362001	571578	666991.49	1.17
11 队	206.30	243878	331021	457484.31	1.38
12 队	206.30	243303	310616	451732.98	1.45
13 队	174.60	152623	179780	266149.35	1.48
合计	3000	3100794	4050328	5746688.96	

注：各个生产队除了完成自身的农业生产外，有时还会参加村委会布置的公益劳动。年终时，公益劳动也折算成工分加到每个生产队的工分中去，生产队的现金收益便包含劳动报酬和粮食出售两部分。

在崖口村，通过这种方式，村委会可以"名正言顺"地将村集体的收入向本村的劳动者倾斜。而在农业补贴存在的前提下，一种按劳分配的体制得以建立，劳动者依据自己的工分得到相应的劳动收入，多劳多得、少劳少得、不劳不得。

2. 自由选择

设想一种可能，如果将农业补贴直接发给留守在村庄中的村民，那么是否可行，是否能达到长期救助弱者的目标？可以想象得出，一旦采取这种方法，那些在村庄外部就业的村民必定会不满，同样是本村的合法社员，为什么不分给我而只分给他？如今，村委会通过劳动的中介为自己寻找到了一个重要的合法性依据，谁让你没参加劳动呢？在崖口村，劳动者的边界并不固定，只要是村庄成员，且符合年龄的规定，并在每年年初时报名，随时可

附录二 集体所有制的主体为什么是模糊的？

以进入生产队劳动。

问：你们的这套体制被一些媒体称为最后一个人民公社，你怎么看？

答：我们和人民公社体制是不同的，它是强制性的，我们是自由选择的。虽然现在在外打工分不到村里的口粮，但你随时可以回来，村里的农业劳动对任何人都是开放的[①]。

外出的村民虽然没有享受到村集体的农业补贴，但却无法将这种不满合乎情理地表达出来。因为，在这种体制下，每一个人要想从土地中获得收益就必须参加劳动。在很大程度上，能否获得村庄的补贴分配并不是村委会决定的，而是村社成员本身的自由选择。从实践来看，在外面有着稳定工作的村民很少回到村庄务农，真正回到村庄的都是些在外工作不稳定、市场竞争力不强的村民，这就保证了村社的补贴始终分配给需要帮助的"弱者"。在这个意义上，崖口村分配制度的巧妙之处在于，集体的收入不是直接发给农业生产者，而是依附在他们的劳动之上。以劳动作为分配的中介，向劳动者倾斜的分配制度的合法性得以建立了起来。

如果说保护弱者是崖口村的制度价值和基本理念，那么按劳分配则是与之相匹配的分配手段。一项力图救助弱者的制度长期存在光凭领导者的热情和同情心是不够的，更需要一种政治智慧。至今，崖口村的这套体制已经坚守了30年，与传统的"手扶相望"的村社类似，崖口村通过这一整套农业生产和分配制度真正实现了村庄土地的"扶贫济困"功能。

但是，以劳动作为分配的依据却是需要条件的，它需要相应的产权基础相配套。村庄的土地不属于任何一个人，而是属于一个抽象的"我们"，只有这样，村社才能以较小的制度运转成本实现对集体土地资源收益的统一调配。一旦个人对土地的合法性支配权利建

[①] 2011年1月5日访谈。

177

立起来，村社面对的一个尴尬问题就是：你（村社）凭什么来处置我的土地收益？随着社会宏观形势的变化，农地制度中的个体权利话语日益强大，这样一个问题日益困扰着崖口村的村社领导人。

三 均分：一次分配规则的被改变

在制度经济学看来，产权"总是要在确定的个人和确定的资产之间建立起一种关系"，基于这种关系，"个人和组织有权享有他们拥有的资产，有权以他们自主确定的方式运用这样的资产，有权占有源于资产运用的收益，有权按他们认为合适的方式处置他们的资产"[①]（转引自柯武刚，2000：212）。在一个推崇并保护私有产权的社会中，当私人产权的合法性建立之后，任何组织和个人都必须承认产权收益的排他性，即使产权主体不参加劳动，其同样可以凭借对物的产权占有身份获得收益。

但是，当以对资产的产权身份参与社会收益的分配时，会带来相应的社会后果，即资产收益分配的固定化。在不征得产权主体同意的前提下，任何组织和个人都不能将属于某个人的收益用于社会的再次调配，任何可能的"劫富济贫"都被视为对产权完整性的严重侵害。因此，在以平等为诉求的理想社会主义形态中，它天然地反对私有产权，通过生产资料的公有制来为国家最大限度地调控社会资源提供运作的制度空间。离开了生产资料公有制这一经济基础，作为上层建筑的按劳分配方式是无法完成的。

作为一种理想，崖口村延续了社会主义的主流价值，推崇劳动的意义，但是当整个社会的价值观念和经济基础发生变迁时，崖口村的坚守却显得孤独和另类。尤其是当外部社会重新承认产权收益的合法性时，它越来越无法独善其身。一种基于个体权利的观念和行动正在从实践上改变它的土地集体所有制的表现形态，

[①] 转引自〔德〕柯武刚、史漫飞（Wocfgang Kasper & Manfred Estreit）《新制度经济学：社会秩序与公共政策》，韩朝华译，商务印书馆，2000，第212页。

由此导致了村社济困功能的逐步瓦解。

（一）地租经济：个体权利意识的"启蒙"

土地的价值可以通过两种方式实现：一是劳动者在土地之上从事农业生产，获得农作物的收益；二是自己不参加劳动，而通过将土地出租，或者改变土地的用途来获得土地的"级差地租"。在城市化和工业化的浪潮下，珠三角一带的土地资源稀缺导致出租的租金和征收价格不断上涨。按照当前的市场行情，一亩用于种植甘蔗、香蕉等经济作物的土地租金每年为800～1000元。与之相比，由于坚持种植基本的粮食作物，崖口村每亩水稻两季产出的纯收益大抵与之相当，甚至有时会低于这个租金。一些不明白崖口模式内在机制单纯从经济效率角度思考问题的村民当然地认为，既然不劳动也可以赚钱，那么为什么不能将土地出租？

其实，相当部分村社成员更希望自己村庄的土地被国家征收。按照广东省的相关规定，一亩土地被征收之后，农户所能得到的土地补偿在5万元左右，而崖口村有如此广阔面积的土地和海滩，即使被征用一部分，每一个村民都将分到一笔"巨大"的收入。一天深夜，一群坚决主张卖地的社员找到我们倾诉，他们大部分为30～40岁的人，一个人讲道：

> 我想不通，我们村有那么多的山、土地，为什么这么穷呢。有次我和外村的一个朋友聊天，问他有没有地，（他说）没有地，（也）挺好的，可以做生意，也可以存入银行，没有地过得更好了。我不去开工还没钱，（买地）一样有钱，我为什么还要去做，不干比干的还要多，我想不通。这一代过好了，谁还想以后。那时会有办法，现在没钱读不起书，（到时）给你再多也没有用[①]。

---

① 2011年1月6日访谈。

土地流转与乡村秩序再造

当地租经济出现并足够强大之后,即使不通过自己的劳动,村民可以获得同样甚至更多的收益。这意味着,从实现个人经济利益最大化的角度来看,将土地出租或者征收都是一种更为理性的选择。于是,很多人的观念改变了,继续从事农业劳动被视为愚昧、落后、保守的表现,村社内劳动的意义遭到了经济理性的消解。

在地租经济尤其是土地征收面前,人性中的享乐主义和不劳而获成为可能,作为个体的村社成员不会将考虑问题的重点放在子孙后代的福利和生活上,而更看重自己当下生活境遇的改善。作为村社领导人,他们却希望能够保护住土地,能够为子孙后代躲避外部市场的风险提供一个安全的港湾。对于这些依靠出卖土地维持生活的想法,一份资料显示了村社领导人愤懑的态度:

> 中国历代的政治家、思想家都提出了一些有理、有节、有利的治国治家理念,他们认为创业、固本、强基,给子孙后代留有余地。对于一些不肖的子孙,无能守业,出卖祖业、田地的,认为是家门不幸,出了败家子弟,为社会、人们唾弃。
>
> 部分党员在讨论解放思想却大肆宣扬出卖土地,想吃掉创业人的硕果,也想吃掉后人的资源,真是不知羞耻为何事①。

当满叔还将卖地者比作传统宗族社会中的"不肖子孙"时,"不肖子孙"却在新的社会政治、法律环境下获得了存在的"合理性"价值。在宗族社会中,无论是作为"大传统"的儒家伦理,还是作为"小传统"的地方习惯,都是以家族和村社共同体的建设为本位,一切违背整体和长远利益的行为将受到家族、家法的严厉惩罚。而如今,伸张个体性的权利成为一项法律保护的事实,任何地方性的规范都无法在以强力为后盾的国家法面前保持正当性,基于个体权利所表现出的民意具有高度的合法性。

不仅是那些一直未参与村庄农业补贴的村民,就连享受村庄

---

① 《崖口村资料汇编》,第215页。

福利的村民也越来越多地愿意将土地收益一次性变现，这套旨在保护劳动者的制度无法得到劳动者本人的支持，这正是崖口村的体制在当前所面临的悖论。

（二）股份制与"股东大会"：个体权利的合法化

不久，针对农村集体资产的股份制改革开始向崖口村袭来。尽管这种改革是在坚持不改变集体所有性质的表述下进行，但是从实践效果来看，却改变了崖口村土地集体所有制的基本表现形态[①]。

2002年，崖口村主动率先进行了股份制的改造[②]。通过计算，崖口村得出了一个能够维持现有社会管理成本（包括村民的就业补贴、社会福利、生产管理、资产资源管理、社会博弈成本所需要的费用）的土地资源数量，大约为13000亩，除此之外的围垦海滩，包括"燕石围""将军围""将军南围""虎池围""将军下围"在内的约17000亩土地直接划拨给本村的农户，每人分配了约5.5亩的土地。这些土地虽然仍然由村集体发包，但村民对土地已经享有了法律意义上的承包权。为了对这些土地进行统一经营、

---

① 在沿海发达地区的农村，由于村庄拥有巨大的集体资源和利益分配，一些已经在城市中有了稳定工作的村民往往不愿意放弃村庄的户籍和成员身份，从而影响了城市化的进程。为了使村民所享有的集体资源不受村民的迁移、进城等因素影响，进而适应并加快城市化的进程，也防止新移民进入村庄分享原有的集体收益，这些地方大力推动股份制的改革运动。在改造中，一般首先将村庄所有的固定资产估价，再按照村社现有人口一次性平均量化，之后，村社的集体资产分配不再受村社成员数量变化的影响，"生不增、死不减"。对于村民来说，他拥有了村社集体资产的一份"股份"，而股份的继承、转移都要经过他本人同意才行，村社不能在调配村社的集体资产收益，因为集体的边界已经由于股份制的实行而彻底被固化。

② 崖口村之所以要主动实行股份制的改造，其最初的想法是从正面避开来自上级政府的压力。随着周围房地产的发展，在未经过崖口村同意的情况下，地方政府已经将崖口村相当一部分土地纳入了房地产开发的规划之中。由于村委会在当前政治结构中所处的位置，其不可能与地方政府进行直接的抵抗，如今通过股份制的改造，每一个村民都成为合法的股民，这意味着任何土地的征收都要经过全体股民的同意才行。但从实践后果来看，崖口村的领导人低估了村民与地方政府在土地征收中的利益一致性，股份制的改革为村民表达个人权利打开了方便之门。

收取租金，崖口村成立了村民自我管理的组织——土地基金会。每年，由该组织收取租金，管理资金，并负责在村民中分红，以及为村民定期缴纳社会养老保险。

据说，在配股之后，很多崖口村村民说，"现在配股了，我也是老板了"。这表明村社成员自我身份认同的转换，他们认为自己已经有权利来决定集体土地的处置。在这部分直接量化到个人的土地资源中，土地产权性质的实质变化为个体表达权利奠定了合法性基础。一旦遇到合适的机会，这种观念将转换为行动。

在配股的围垦海滩之中，有一处温泉，在历史上为陆氏家族养蚝之用。泉涌达数平方米，热气环绕，如果开发利用的话将成为一处绝好的温泉旅游度假区。对于这块宝地，许多外来的房地产开发商觊觎已久。2008年，中山市政府做出了开发东部沿海地区的战略部署，这块地方正处在该市开发范围之内。根据计算，包括崖口村温泉在内9536亩的海滩土地将作为度假区和房地产项目开发。基于保护村庄土地的传统思路，崖口村领导人不愿意将土地一次性被征收——因为这意味着崖口村将永远地失去该海滩资源，经过与市国土局下属的土地储备中心多次的谈判，决定以"出租"的方式使用该海滩。通过采用这种方式，虽然得不到一次性的巨额补偿，但农户以后每年都能得到相当于土地产出的收益，而且至少能持续70年[①]。为了防止可能出现的通货膨胀，崖口村坚持以每年"一号大米"价格为补偿的参考依据，村社领导人的

---

① 按照法律规定，村集体的土地被改变用途必须经过国家征收，任何"以租代征"的行为都是不允许的。但是，由于崖口村被开发的土地主要是沿海的滩涂，而在滩涂的所有权上则存在着习俗权和正式法律的冲突。按照法律规定，沿海的滩涂原则上属于国家所有，但这种笼统的规定难以形成对现实生活的规范。在更具针对性的法理法规出台之前，在珠三角地区，尽管在法律上不予承认，但地方政府一般都在事实上承认村庄对其周围海滩所享有的所有权，典型的表现就是政府在围垦、开发海滩时往往都要向村庄交纳租金。当海滩的所有权出现表达与实践的背离时，这恰可能给更具灵活性的土地开发方式提供了可能。关于这一点具体可参见曹正汉《地权界定中的法律、习俗与政治力量——对珠江三角洲滩涂纠纷案例的研究》一文。

附录二 集体所有制的主体为什么是模糊的？

思路仍然是尽可能地为村民和子孙后代提供一份永久性的社会保障。

但是，这时的村社不能再像以前那样继续"为民做主"。每一个村民也在心里算了一笔账，如果将这近万亩的海滩一次性出让所有权，平摊下来，每人可以得到约14万元的补偿，这对于一个家庭来说收入就相当可观，几乎是一夜暴富。因此，相比于出租，一次性补偿到位的方式因资金巨大而更具有诱惑力，尽管这将以村庄永久性地丧失土地所有权为代价。于是，当村民得知村委会的方案是租地而不是"卖地"时，不满和抗议开始在村庄中蔓延。

2008年7月23日，一张传单张贴在崖口村杨西自然村的公示墙上，其赫然质疑这次租地的方式，上面提出了一连串的问题：

> 中山市土地储备中心是一个事业单位还是政府部门？假若是政府部门有没有政府委托文件？不明确是收购、征用、储备还是直接开发？补偿款为什么不能一次性付清股民？履行期为什么加周期两个字？中山市土地储备中心倒闭或者破产后我们的租金找谁去要？[①]

其实，大部分的村民并不是真的想把这些问题搞清楚，而是以此为借口反对"租地"的用地模式。在7月23日晚，超过1000名的村民涌向村委会，其中有六七十人冲进办公室，将村干部团团包围，要求其对此次租地行为做出解释，并对村干部进行各种语言攻击。此后，连续数天，天天晚上都有村民聚集在村委会的周围。

时值奥运会开幕，全国上下各级政府正以社会稳定为当前工作的大局，恰在这节骨眼上出现了这种事情，这不得不引起地方政府的高度重视。为了防止可能出现的极端事件，镇政府协调派出所派出了几十名民警现场维持秩序。面对现场一触即发的紧张

---

① 《崖口村资料续编》，第292页。

局势，镇政府尽量与村民进行协商，并最终答应以"股民大会"投票的方式来重新决定该块海滩的利用方式。

当然，也并不是全部村民都同意"卖掉"土地，其中一些头脑清醒的村民更是意识到保护现有的土地和海滩是崖口村独特模式的基础。然而，由于他们在数量上不占优势，且主张卖地的都是最为活跃的分子，后者的声音主导了整个村庄的舆论，面对被煽动的情绪，任何与之相悖的诉求都有可能触犯"众怒"而不敢表现出来。一个大学生由于不满征地的价格，不主张卖地，被一群社会青年得知后大声辱骂："谁不愿意卖地，就他妈的给我滚出来。"更为关键的是，面对一家人即将分到几十万元的巨大利益，不主张卖地的人都显得不再坚定。在7月29日，崖口村进行了关于土地开发方式的股民公决，结果见表2。

表2 "股民大会"投票情况[①]

股份数	股民人数	到场表决人数	收回表决票	同意	反对	其他意见	弃权	无效
3376	3376	3334	3330	3272	28	2	6	22

作为村庄中的一位成员，满叔是28名反对者之一，他坚决拒绝在卖地的协议上签字。当卖地之后每人可以分到14万元钱时，他又拒绝领取，以自己的行动来表示不满。

从股份制所奠定的合法性基础，到一人一票式的民主表决，崖口村实行了一次个人权利的极度伸张。

（三）均分而非济困：个体权利伸张的后果

在更多的时候，满叔像一个宗族社会中的族长在守卫着村庄的资源，并千方百计地为村庄子孙后代的长远福祉考虑。如果将满叔所考虑的长远发展和村社的保障功能看作一种村社理性的话，那么村社理性却常常与个体的经济理性相矛盾。村社理性是长远

[①] 《崖口村资料续编》，第324页。

发展的，是节俭主张的，是整体本位的，而个人理性是短视的、消费主张的、权利本位的。在土地被征收之后，村社内出现了若干新的变化，这正是个体理性的表现。

1. 村庄出现建房的高潮，据村委会副主任估算，新建包括在建房有约200栋。平均每栋花费在40万~60万元。
2. 村庄内出现买车的高潮。
3. 生活消费水平提高，各种高消费的酒店在村庄中开张。
4. 打麻将的增多，一个村庄的麻将馆由原来的十几家增加到30多家。
5. 外出旅游增多，其中跨省游和出境游成为主流。

改善自己的生活质量无可厚非，但一旦进入消费主义的生活逻辑和理念之中，村民的生活就需要足够的、稳定的收入支撑，而崖口村所采取的细水长流式的分配方式根本不可能维系这种生活方式。在一部分人手头的钱消费大半之后，他们再次瞄准了剩余的1万多亩海滩，"第一次卖地是脱贫，第二次卖地是致富"的说法开始流行。随着土地的陆续被征收，农业劳动的空间越来越小，崖口村的济困制度正在一点一点地被侵蚀。

而且，这种侵蚀的表现不仅是作为劳动载体的土地的丧失，还在于"不平等"分配方式的被改变。在有限的村庄资源下，为了实现济困的目标，村社必须改变原来人人有份的资源分配方式，通过对一部分村民的"权利剥夺"来增加另一部分村民的收益。但是，这种分配模式的前提在于被"剥夺"权利者没有意识到自己的权利所在，一旦他们的个体权利意识建立，并且付诸所谓民主的行动，那么村社必须按照人人有份的原则重新分配资源。在权利话语面前，每一个村社成员都是平等的权利主体，谁能否认任何一位村民的权利呢？在这一点上，满叔早已经意识到卖地所可能导致的后果。

假设卖地一次性分配，怎样分法？统一管理，不分给个人的话，个人都来争吵、吵闹，无日安宁，而且放在任何地方都不安全，也会贬值。分吧，怎么分？死去的人是否有份？今后出生的如何领取？迁居海外的还分给其否？是不容易分的①。

面对巨大的利益，期待村社再像以前那样将收益向劳动者和弱者倾斜已经是不可能的，因为作为中介的劳动已经消失，每一个村民都基于自身的合法权利要求获得利益分配。依靠那部分未量化到个人的土地资源，崖口村的模式至今仍然在艰难地维持，仍然在继续着这场发生场域虽小但却意义重大的社会试验。然而，在外部社会环境发生变化的条件下，这种特殊模式的维持变得日益困难。崖口村将何去何从，我们还不得而知，但我们知道的是，一旦崖口村的模式彻底解体，农村土地制度的变革者和研究者将失去一个得以与宏观制度相对照，进而对其社会结果进行反思的对象。

四　村庄共同体是如何可能的？

在一定意义上，"济困"是村社共同体的重要表现，离开了村社的济困功能，村社就仅仅只是一个地缘和血缘的聚居单位。基于崖口村的这种变迁，我们需要追问的是，村社共同体维持的条件是什么？

在对崖口村进行过长期调研的曹正汉看来，崖口村采用"济困"而非均分模式的重要原因在于存在一个合格的村社代理人（曹正汉，2007）。与他的感受类似，我们同样在村庄中发现了一个极为罕见、高度清廉且有着超凡智慧的村社领导人。在崖口村，无论是满叔的支持者，还是反对派，他们对于满叔本人的道德自律和个人能力的判断是高度一致的。正是满叔凭借着他的社会关

---

① 《崖口村资料汇编》，第603页。

附录二 集体所有制的主体为什么是模糊的？

系，带领村民围垦海滩，守业创业，才为今天的崖口村创造了如此巨大的财富。而30多年来，满叔从来没有吃过"公家的"一顿饭，即使重要领导来参观访问。在所有的村干部中，满叔只拿基本的工资，他主动放弃每一个村干部所能享受的每月200元津贴。然而，在我看来，村社共同体的维系除了个人的努力这一"偶然性"因素之外，更重要的是来自村社内部一种稳定的结构性机制的支撑。或者说，满叔个人的超凡魅力只是体现在其对这套机制的维护上，一旦机制丧失，即使个人魅力犹存，也无力回天。不然，何以在满叔仍然任职时，就已经在看着自己一手创办的家业被一点一点地蚕食。面对巨大的分裂性力量，如果没有一套有效的制度安排，仅仅依靠个人的道德和情感是无法与之抗衡的。在这个意义上，一个合格的村社代理人只是土地保障功能实现的必要条件，而非充要条件。

事实上，崖口村这套救助弱者的机制有两个重要的制度基础：一是按劳分配；二是土地的集体产权制度。在崖口村，尽管饱含着救助弱者的理念，但村社领导人从来没有将资源直接分配给农业劳动者——这种做法无异于蛮干，不可能长久地维系。为了村社的长远存在，崖口村社领导人必须建立起村社内部分配的合法性，能够让所有的村社成员，尤其是那些让渡出利益的成员心甘情愿地接受。在这一制度生成时，这一问题事实上被回避了，作为对人民公社体制的直接继承，崖口村的坚守在当时的条件下对于外出者和留守者都是一种"帕累托最优"。但随着社会形势的变化，崖口村济困制度维持的成本越来越高，而降低成本的应对措施就是不断地推崇劳动的价值。以下是崖口村领导人的劳动观。

> 一个社会如果只坐享其成的话是没有意义的，无事可做，这个地方就不太平。分配只有和劳动结合起来，才能体会到乐趣、尊严，这个地方才有生命力。这样的社会才是和谐社会。
> 其他村庄的工业不是你自己的工业，工厂不属于你（指珠三角地区大量的"三来一补"企业），农民建些房屋出租给

工人，完全依赖这种方式生活，这是一种牵牛花（依附性）的生存状态①。

周围的村庄中，由于有土地和房屋出租的收入，大量的村社成员无事可做，成为不创造社会财富的"寄生阶层"，由此村庄内黄、赌、毒泛滥。在崖口村社领导人看来，这种糜烂生活存在的根源正在于完全以个人的产权身份参与收益分配，这就使得劳动与分配相分离，"不劳而获"成为可能。为了避免陷入这种生活，崖口村始终坚持劳动至上的观念，以此来压制个人权利的伸张和表达。在这个意义上，村社内部的劳动和产权构成了一对零和博弈关系：对劳动意义和作用的强调必然压制权利参与分配的作用，而对权利的伸张则是否认劳动的价值。

因此，与按劳分配相适应的产权形态只能是土地的集体所有制，后者以一个抽象的"集体"建立了看似人人有份但却没有将权利细化到个人的土地所有权主体。从实践来看，一套以通过一部分成员让渡出在村社内的利益，而实现对另一部分成员保障的制度往往是一套"强加性"的制度。离开了"强加"，希冀通过村社成员一人一票式的民主选择达成这一制度将面临巨大的博弈成本。一个救助弱者，并尽量减少不平等的制度天然地压制个人权利的表达，而崖口村的土地集体所有制正扮演了这种"压制"的角色。在有限的资源面前，只有"压制"和"剥夺"个人权利，村社才能够有足够的资源调配，才能实现真正意义上的村社保障功能②。

按劳分配和集体所有制度构成了一枚硬币的正反面，二者共

---

① 2010 年 12 月 20 日访谈。
② 需要指出的是，村社理性与基层组织的理性并不重合，后者不一定能代表村社理性。正如在许多集体经济发达的村庄中，村干部利用自己作为集体所有制代理人的角色大肆侵犯村民的权利和集体利益。但是，不能以基层组织自身的问题来否认村社理性的合理性价值，基层组织对村社理性的偏离可以通过村庄的民主制度建设来解决。崖口村的实践展示了在一系列相关条件的支撑下，依附在土地集体所有制之上的村社理性所可能实现的价值和功能。

同构成崖口村扶贫济困的制度模式的基础。这种关系可以用如下逻辑结构图展示见图1。

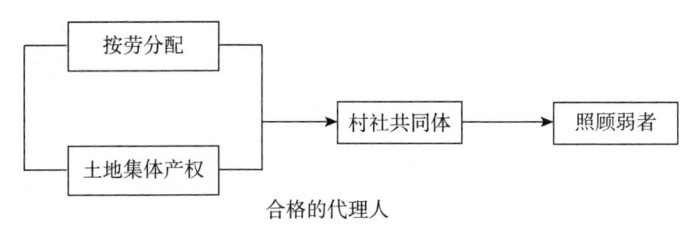

```
    ┌──→ 按劳分配 ──┐
    │              ↓
    │         村社共同体 ──→ 照顾弱者
    │              ↑
    └──→ 土地集体产权 ──┘
              合格的代理人
```

图1 崖口村扶贫济困的制度模式

一旦村社每一个成员掌握了足够的土地支配权利，他们越能不服从村社共同体整体调配的决定，土地的出租、征收都将由个人决定，在崖口村所在的珠三角地区，很少有人能真正地抵抗利益的诱惑，原本用于农耕的土地很快被高楼大厦所代替，正如其他村庄一样。城市化实现了，村庄却消失了，后者再也不能为弱者、劳动者乃至子孙后代提供一份保障。人人成为原子化的个人，一切的市场风险和社会后果都将由个人和国家来承担。这表明：村社理性的实现不仅不是个体理性选择的结果，个体理性的无限扩张反而会导致村社理性的瓦解。当前的崖口村无疑正在被裹挟到这一条道路上去。

临别时，满叔的一句话让我印象深刻，他说："当这个地方繁华了，它也就不属于崖口了。"

五　耕者有其田：渐去的社会理想

无论在哪一个层面，崖口村都是一个极为特殊的个案。就它的土地制度而言，其已经和中国农村普遍实行的家庭联产承包责任制不可同日而语。然而，崖口村的经验中却内含着一套土地社会保障功能的实现机制，它体现了土地保障功能的村社制度基础。因此，从逻辑代表性而非经验代表性的角度来看，对崖口村制度模式的理论提炼能够为我们分析更为宏观的农地制度变迁提供视角。

土地流转与乡村秩序再造

在中国农村，由于"人均不到一亩、户均不到十亩"的基本人地关系，在当前的社会经济条件下，单纯依靠土地的产出根本不足以维持一家人的生活。如果将土地资源在全体村社成员中进行均分，土地生存保障的功能无法实现，那些缺少外出技能而只能以种田为生的农户将无法获得一份维持生活的收入。为了尽量减少土地资源的稀缺问题，一直以来，大部分农村地区实行的是"减人减地、增人增地"的土地制度实践。通过收回死亡人口、外嫁人口以及非农化转移出去的人口的土地，留守在本村的其他村社成员可以得到更多的土地资源。由于土地的权利没有细化到个人，每一个村社成员的权利不是永恒不变的，他们会因离开村庄而放弃土地权利，也会因再次回到村庄而重新获得权利。一个可以预见的情景是，随着城市化规模的扩大，当越来越多的农户在城市中获得了稳定工作和收入时，土地面积的逐渐增多将不断增加村社内劳动者的福祉，实现土地真正意义上的社会保障功能——这将是一个和缓的、有序的城市化进程。

只有外出农户放弃对村社土地占有的部分权利，土地的产出才能更多地集中在劳动者手中，村社的土地才能保持完整性。当村社劳动者既是土地收益和权利的享有者，又是土地的耕种者时，村社真正践行了"耕者有其田"的社会理想。在笔者看来，所谓"耕者有其田"所宣扬的不只是对土地集中和兼并的不满，它的一个重要社会功能在于实现村社成员生活场所和生产场所的统一，以及财富尽可能地保留在村社内部。从古今中外的经验来看，脱离村庄的大都是能力较强，并且适应外部社会竞争法则的强势阶层。由于生活的场所已经脱离了村庄，一旦非耕者拥有永恒的土地占有权利，他们将成为"不在村地主"，进而分享有限的农业产出。在农业产出本身就不足以维持生活的前提下，一部分农业收入流向外部，这将使得土地更加难以实现保障功能。从宏观上看，当土地因规模或收益有限而不足以维持一个正常家庭的生活时，农村社会为中国现代化所提供的"稳定器"和"蓄水池"作用也将无从谈起。

附录二 集体所有制的主体为什么是模糊的?

正如在传统的村社中,除了私有土地之外,村庄往往保留着大量的族田、公田,以此来实现村庄的公共开支和对贫困子弟的救济①。在当下,土地保障功能的实现同样需要一个主体模糊的公有产权形态。在这种产权形态中,村社成员既属于产权主体中的一员,又可能被产权主体所排斥,这其中的辩证法正是土地集体所有制的内涵。在这个意义上,尽管土地集体所有制的诞生是国家与农民社会之间相互妥协的产物,具有临时性的特点(杜润生,1998;转引自赵阳,2007),但其在农村社会中扮演的功能并不受制度生成逻辑的影响。当社会主流逐渐以权利、效率、是否有利于城市化等新的标准作为评断依据时,土地集体所有制显示了它的弊端,但土地集体所有制的优势也是"经济效率"论者所不具备的。毋宁说,两种产权制度是服务于不同的价值、理念和社会发展模式,从而构成两条并行不悖、不存在价值优劣的路径选择。离开了土地制度设计背后所蕴含的社会政治内涵,缺乏一种"同情式的理解",而一味单纯地指责和批判将极大地不有利于体察改革所可能遭遇的复杂性。

支撑土地私有化的一个理由是相信农民不会轻易地放弃土地,他们能够为自己的长远生活考虑,在土地私有化的条件下,农民将比集体所有制下掌握更多土地处置权的"官员"更珍惜土地(秦晖,2007)。笔者同意这种判断,当然相信农民是理性的,但恰恰是这种理性导致村社土地保障功能的无法实现,而非他们所言的不受影响。由此可见,这种主张不理解土地保障功能实现的机制,土地保障功能的实现是必须以村社载体的。这也意味着,扩大地权的理念和实践看似"政治正确",但却也会带来"意外性的后果"。从法律上看,尽管《土地承包法》第十五条仍然将土地承包资格限定为本"集体经济组织"的成员,但由于土地承包是以户为单位,大

---

① 据温铁军对14省历史资料的统计,南方省份的公田比例高于北方,其中广西壮族自治区的公田在所有省份中的比例最高,达到了12.56%,参见温铁军《三农问题与制度变迁》,中国经济出版社,2009,第110页。

量非农化转移出去的村社成员就仍然能够合法地占有土地;从实践来看,随着"增人不增地、减人不减地"政策的被贯彻执行,土地的权利意识深入人心,村社对土地资源的调配被视为对部分村社成员权利的侵犯,村社理性的制度基础逐渐丧失①。

这一切都是在保护和扩大农民权利的名义下发生的,尽管这种制度建设可能具有生产效率上的重大意义。在这一正当性的名义下,村社的土地产出正在不断地流向外部,村社内部的利益关系发生了重新调整。不仅如此,由于当前地方政府的推动,大量的土地正在"被流转"给所谓的种田大户,有限的农业收入再次被分割。这种趋势继续下去,一方面原本依附在农业上的劳动者将无法依靠有限的土地和农业产出生活,另一方面外出打工而无法制度性融入城市并在某一天不得不回到农村的农民工将无法顺利地"返乡",农地的社会保障功能丧失。因此,在社会转型和农民高度分化的当下,我们需要细致化地追问:所谓保护农民的权利究竟是在保护哪一部分农民的权利?

历史已经并将再次证明,土地制度变革的方向和路径与一个社会的发展理念和价值取向密切关联,前者只是社会政治变迁的一个脚注。

---

① 由于基层组织的理性并不天然地代表村社理性。在土地调整中,就不乏村干部利用手中的权力损公肥私的事情发生,这在某种程度上强化了国家保护农户土地权利的决心。

附录三 联耕联种－家庭分散经营效益最大化的有效途径

2013年秋播，江苏省S县首创联耕联种做法，不改变土地性质，不改变家庭经营主体，让广大普通农民受益，实现了家庭分散经营效益最大化，一经推广就受到参与农户的一致认可。中央农办调研认为，联耕联种有利于稳定和完善农村家庭经营制度，是土地不流转也可实现规模经营的新路子，更适合约占全国耕地近1/3的6.2亿亩平原宜耕耕地的传统农区。国务院副总理汪洋为此作出批示，群众从实际出发作出的选择常常就是创造，如何将群众的创造变成指导全局的政策，这是我们的任务。

一 破除田埂，有利于分散农地快速规模化

家庭联产承包制是我国的基本国策，并将长期保持不变。农业现代化土地规模是基础，破除田埂，将碎片化的农地集中起来，不但使"百衲衣"式的农田积"零"为"整"，还带动了农业生产要素的快速集聚。

一是符合政策走向。2014年中央一号文件进一步明确，坚持家庭经营的基础地位，培育新型农业经营主体，切实解决"谁来种地"的问题。由于农村土地在中国经济中扮演的角色不只是生产粮食，而且具有就业和社会保障功能，是社会稳定器，基本国情决定了我国农业改革必须坚持以家庭经营为基础。当前我国农村改革把农户确立为农业经营的主体，赋予农民长期而有保障的土地使用权和经营自主权，极大地调动了几亿农民的生产积极性。

联耕联种不仅保留了家庭承包经营的内核，而且具备规模化经营、集约化生产的优势，符合中央农业发展的方针政策，更贴近农村实际，可以让土地流转不再是规模经营的最主要选择。

二是保障农民权益。资本的逐利性决定了大户、家庭农场不会不挣钱流转土地，在2013年全国受理土地流转纠纷案件达18.8万件的情况下，中央提出要坚持依法自愿有偿流转土地经营权。中国有2亿多农户，小规模经营自家承包耕地的普通农民仍占大多数并将长期存在，分散的农户完全可以通过联合，依托社会化服务组织，实现土地规模经营。联耕联种的现实意义就在于农民的土地承包权无需（须）流转，这就从根本上保障了农民对土地产出的收益权，防止了农村土地向少数大户集中，形成"老板"挤出"老乡"。因而农民形象地说：土地流转是大户发财，联耕联种是农民致富。MH镇革新村34户农民143亩土地，实行"成本均摊、收益均分"的联耕联种，农民年亩收入1350元，高出本地土地流转价格400元。由于联耕联种的经营主体没有变化，变化的是通过合作组织提高了生产组织化，其大灾的风险自然分散。

三是便于实践推广。联耕联种通过打桩等方式明确界址，不需要经营权转移，操作简单，方法灵活，一切尊重农民意愿。无论采取联耕联种、联种联管，还是联管联收，只要破除田埂，就能实现"农户+农户+合作社"家庭合作经营。没有利益之争，不涉及第三方利益，农民愿意参与；由于地块成匡连片，农机不需要在田里转场，耕作比较效益高，小农机手乐于购买大机具而淘汰小机具，农机合作组织愿意服务；降农本、少用工、增产、增收可预期，农民都愿意将农田交给合作组织服务，同频共振实现了"双赢"。因而一经产生就得到农民普遍欢迎和社会广泛关注，省内外已有200多个县（市）到S县参观学习，湖北、安徽等省已推广实践，不到1年的时间联耕联种百度网页就达亿条。

二 行政引导，有利于分户经营快速组织化

2013年的中央一号文件提出了"创新农业生产经营体制，稳步提高农民组织化程度"。对于一家一户不足10亩承包地分为七八块，要实现化零为整，这是一家一户办不了、办不好的事，必须要依靠行政组织才能快速推进。

一是促进了分散农户合作。联耕联种的主体是农户，但农户是分散的，不同于"大包干"，打一个田埂就解决了所有问题，大面积推广需要农民自愿、村两委牵头、农技部门引导、县镇两级政府规划。目前农村基础条件较好的农田已基本流转，零散田种植比较效益不高，"老人、妇女"农业现象突出，他们对省工、增收的愿望非常迫切。联耕联种的产生，使他们眼前一亮，农技部门适时编发联耕联种效益比较表，算好与分散种植对比账、与规模流转对比账，出现了试点村周边农户争着要求加入联耕联种的好势头；增加农民收入本来就是村党支部、村委会分内主要工作职责，明显的增收账是任何扶贫办法都无法比拟的。S县委、县政府及时出台激励政策，对成效显著的镇、村和服务组织进行激励。SM镇组织村组干部、农民代表前期看苗情长势，成熟时再看增产效应，今年夏季第一次推广水稻联耕联种面积就达2.64亩，整合零散农户3010家参与。XN村召开7次群众会，7个组就有5个实现了全覆盖。

二是促进了要素资源集聚。联耕联种有行政推动，有市场需求，快速推动了土地、资金、人力、农机、技术等要素聚拢。因经营主体仍然是一家一户，只要行政推进有力，农民无需（须）投入额外资金，就能快速实现土地规模经营，为我国平原宜耕耕地的传统农区一家一户分散农户，实现规模经营找到了便捷路径。联耕联种让"拎包种田"失去了市场，工商资本快速聚合从事农机、植保等专业服务。联耕联种需要基础设施配套，S县整合水利、国土等项目资金，按照"渠道不乱、用途不变、集中投入、

各负其责"的原则,集中投向联耕联种,改善路、桥、涵、电等基础设施,逐步将所有田块都改造成符合新型农机化作业标准的田块。同时安排非普惠性资金撬动联耕联种,实现想种田的人有田种,返聘到合作社从事除草除杂等精细化工作,逐步成为职业农民;不种的田有人种,直接交给合作组织。各类农业生产要素的迅速积聚,使在外打工的人放心,使种田的人安心,从而释放了农村生产力。

三是促进了农机农艺融合。联耕联种带动农机化发展,促进农机农艺的高度融合,一家一户从长期使用自家的小农机耕种收割,到开始接受和尝试各种有利于降本增效的大马力、复合式新机具,钵苗移栽机、无人植保飞机、激光平田整地机等一批新农机,快速提升了S县农机装备层次。每个村都通过农民协商,选择1-2个优新品种,利于集成技术的普遍运用,加上农技部门的适时指导,有效地解决了"迟茬接迟茬"影响产量的问题,显著提高了粮食产量。小麦普遍采用机条播技术,播种量从人工撒播的40-50公斤/亩降至20-30公斤/亩,2014年S县小麦联耕联种单产都过千斤,比去年同期年报产量增32%;水稻使用"上毡下钵"塑盘育秧新技术,集中育秧点由上年的20处,发展到128处,可供16万亩农田栽植。而大户、家庭农场还普遍使用双模育秧,技术运用滞后明显。2014年在水稻生长关键的7-9月份,光照少于上年同期42.1%、积温少12.8%、降水多51.4%的极端天气条件下,平均亩产仍达到1309斤,比去年同期增4.2%。农民也从今年水稻人工撒播和机插秧平均产量低40%以上的差距中,下定决心参加联耕联种,秋播S县已出现了一批联耕联种万亩片,最大的一匡超3万亩。

三 专业服务,有利于分工协作快速市场化

习近平同志曾明确提出要走组织化的农村市场化发展路子。联耕联种从一开始就遵循市场规律,加速了农业社会化服务体系

附录三 联耕联种-家庭分散经营效益最大化的有效途径

的发展和完善,有利于快速构建全方位立体式的复合型农业生产经营体系。

一是重组了农业经营市场。联耕联种整合分散的土地资源,为农业生产各个环节创造了全新的社会化服务空间。首先创造了大农机作业市场。农业机械化是农业现代化的前提,破除田埂,"一户多田"变成"多户一田",使大农机得以进田作业。其次催生了农业服务市场。合作社、农民细化分工协作,加快了新品种、新技术和新装备推广应用,催生了一批新的服务业态。HH镇建立农业生产服务超市,搭建咨询、劳务、配送、农机作业、田间运输、粮食代烘代贮等"一站式"服务平台。最后优化了农资经营市场。村组牵头,改一家一户零散购买为集中批量采购,农资市场不再多乱杂,保证了联耕联种农民都能购买到质优价廉的放心农资。

二是构建了新型服务载体。联耕联种的市场,吸引了数量少、体量小的"低水平"的合作组织不断充实完善,进行实质性运作,不再局限机耕、机收、育秧、条播、植保、开墒等,一批更细化的专业合作社应运而生,构建了农民组织与市场、社会各司其职、互相配合的多元服务结构。村两委会因地制宜,适时组织,对本村没有合作社,或服务能力不相适应,不强调小而全,引进异地服务组织开展服务。由于农民都想抢播早种,使农机作业时间高度集中,利用率下降,S县引导了一批农机合作社开展南北联合,跨区作业。

三是推动了农机井喷发展。随着联耕联种推广,钵苗移栽机、激光平地机等一批先进、适用农机数量猛增,快速提升了农机装备层次。今年秋播S县有5个农机合作社一次性团购29台大型拖拉机、3台联合收割机和配套机械,购机金额320万元;ZC植保合作社,一次性购买6台无人植保机(每台28万);S县2013年、2014年新增插秧机分别是2012年的1.6倍、3.9倍,新增粮食烘干机分别是2012年的3.4倍、5倍。

联耕联种源于基层,最接地气,使传统农业注入现代元素,既解决了农业问题，又解决了农民问题。解决了农机作业难、农技推广难、农业增收增效难，提高了粮食产量，实现了农民增收；解决了因扰各层各级的秸秆焚烧（抛）问题，秸秆变废为宝，减少了农药、化肥的过度使用；密切了党群干群关系，释放了农村生产力，催生了新型生产关系，促使农业真正走向现代化，实现家庭经营综合效益的最大化。

S县农业委员会

2014年11月20日

图书在版编目(CIP)数据

土地流转与乡村秩序再造：基于皖鄂湘苏浙地区的调研 / 郭亮著. -- 北京：社会科学文献出版社，2019.7

　ISBN 978-7-5201-4771-2

　Ⅰ.①土… Ⅱ.①郭… Ⅲ.①农村 - 土地流转 - 研究 - 中国②乡村 - 社会秩序 - 研究 - 中国　Ⅳ.①F321.1 ②C912.82

中国版本图书馆 CIP 数据核字（2019）第 080564 号

华中科技大学文科学术著作出版基金资助

土地流转与乡村秩序再造
——基于皖鄂湘苏浙地区的调研

著　　者 / 郭　亮

出 版 人 / 谢寿光
责任编辑 / 任晓霞

出　　版 / 社会科学文献出版社·群学出版分社（010）59366453
　　　　　地址：北京市北三环中路甲29号院华龙大厦　邮编：100029
　　　　　网址：www.ssap.com.cn
发　　行 / 市场营销中心（010）59367081　59367083
印　　装 / 三河市尚艺印装有限公司
规　　格 / 开本：787mm×1092mm　1/16
　　　　　印张：13　字数：180千字
版　　次 / 2019年7月第1版　2019年7月第1次印刷
书　　号 / ISBN 978-7-5201-4771-2
定　　价 / 65.00元

本书如有印装质量问题，请与读者服务中心（010-59367028）联系

版权所有 翻印必究